KOMPAKTWISSEN

# Sozialversicherungen in der Schweiz

Reihe «Kompaktwissen CH»
Band 7

Vielfalt und Menge der gedruckten Informationen nehmen von Tag zu Tag zu, die verfügbare Zeit, sich mit komplizierten Sachverhalte und aktuellen Forschungsresultaten auseinander zu setzen nimmt aber tendenziell ab. Daher steigt die Nachfrage nach intelligenten, konzisen und leicht verständlichen Sachbüchern, welche die wichtigen Informationen aus einem bestimmten Gebiet oder über einen bestimmten Sachverhalt prägnant zusammenfassen.

Die Taschenbuchreihe KOMPAKTWISSEN.CH zu spezifisch schweizerischen Themen und Sachgebieten will diese Lücke schliessen. Einer Enzyklopädie ähnlich, fassen die Taschenbücher Themen oder Forschungsresultate in für Laien verständlicher Form zusammen.

Kurt Häcki

# KOMPAKTWISSEN

# Sozialversicherungen in der Schweiz

3., aktualisierte Auflage

Edition Rüegger

Bibliografische Information der Deutschen Nationalbibliothek
Die Deutsche Nationalbibliothek verzeichnet diese Publikation
in der Deutschen Nationalbibliografie; detaillierte bibliografische Daten
sind im Internet über https://portal.d-nb.de abrufbar.


Edition Rüegger
3., aktualisierte Auflage 2016
www.somedia-buchverlag.ch
info.buchverlag@somedia.ch
ISBN: 978-3-7253-1032-6
Gestaltung und Druck: Somedia Production AG, Glarus
Printed in Switzerland

# Inhaltsverzeichnis

## Einleitung

Am Anfang eines Buches steht immer wieder die Frage: «Was soll drin stehen?» und «Für wen ist dieses von Nutzen?». Nun, wie der Titel schon sagt, soll das Buch einen kurzen Einblick über die wichtigsten Bestimmungen der einzelnen Sozialversicherungen geben.
Das Buch eignet sich für Personen, die bei einem Arbeitgebenden für die Personenversicherungen zuständig sind und eine konkrete Frage beantwortet haben wollen (zum Beispiel welche Leistungen sind versichert), oder für Personen, die ein kompaktes Nachschlagewerk mit statistischen Angaben haben möchten.
Die Sozialversicherungen in der Schweiz basieren nicht auf einer Gesetzgebung, die nach einem einheitlichen Konzept geschaffen wurde. Die einzelnen Sozialversicherungen sind historisch, entsprechend den politischen und wirtschaftlichen Möglichkeiten gewachsen und in eigenen Gesetzen geregelt. Sie decken verschiedene Risiken für bestimmte Personenkreise ab. Die Sozialversicherungen setzen sich aus folgenden Teilen zusammen:

1. Alters- und Hinterlassenenversicherung (AHV),
2. Invalidenversicherung (IV),
3. Ergänzungsleistungen zur AHV und zur IV (EL),
4. Unfallversicherung (UV),
5. Krankenversicherung (KV),
6. Erwerbsersatzordnung für Dienstleistende (EO),
7. Mutterschaftsentschädigung (MSE als Teil der EO),
8. Familienzulagen (FamZ, FL),
9. Berufliche Vorsorge (BV),
10. Arbeitslosenversicherung (ALV),
11. Militärversicherung (MV).

Die Sozialhilfe, als letzte finanzielle Instanz, ist keine Sozialversicherung, sondern – wie der Name schon sagt – eine Hilfe in Notlagen. Die Sozialhilfe wird ausschliesslich durch Steuergelder finanziert. Sie ist kantonal geregelt und die Aufgabe wird von den Gemeinden wahrgenommen. Die Sozialhilfe orientiert sich in der Regel an den Empfehlungen und Richtlinien der Schweizerischen Konferenz für Sozialhilfe (SKOS).

Nachfolgend werden (mit Ausnahme der Militärversicherung, die auch keine Versicherung ist, sondern eine Institution mit Staatsgarantie für die gesetzlichen Leistungen) bei den einzelnen Sozialversicherungen die Anspruchsvoraussetzungen, die Leistungen sowie die Kosten und Beiträge erläutert. Zudem enthält es für versicherte oder anspruchsberechtigte Person oder für Arbeitgebender Hinweise zum Meldewesen.
Weil in den einzelnen Gesetzen unterschiedliche Personengruppen und unterschiedliche Leistungsarten versichert sind, werden die obligatorischen Versicherungen für die Selbständigerwerbenden, die Arbeitnehmenden und die Nichterwerbstätigen in einem separaten Kapitel dargestellt.
Diesem Kapitel folgt die Übersicht über die Organisation der einzelnen Sozialversicherungen, damit auch dieser Weg klarer wird.
Abgeschlossen wird dieses Buch mit diversen Anmerkungen zum aktuellen Zustand, zum unterschiedlichen Detaillierungsgrad, zu den verschiedenen Finanzierungsverfahren, zur Koordinationsproblematik sowie zu diversen Einflüssen auf die Sozialversicherungen. An zutreffenden Stellen sind die Anmerkungen mit statistischen Angaben angereichert. Nicht fehlen dürfen Ausführungen zu geplanten Gesetzesänderungen.
Alle nachfolgenden Angaben bauen auf den rechtlichen Bestimmungen auf, die seit 2016 gelten.

## A) Geschichtliche Entwicklung

Ein Ausgangspunkt der Sozialversicherungen findet sich in der Zeit des 17./18. Jahrhunderts mit der Aufklärung (Descartes; Kant) mit der Änderung des Selbstbewusstseins und dem Gedanken, dass man sich gegen Risiken absichern kann.

Mit der französischen Revolution setzte ein politischer und gesellschaftlicher Wandel ein. Ein neuer Staat ist gefragt: «Freiheit, Gleichheit, Brüderlichkeit» (Solidarität).

Die industrielle Revolution veränderte die Arbeits- und Lebensbedingungen radikal. Es fand ein Übergang von der Agrar- zur Industriegesellschaft statt mit entsprechenden Arbeitszeiten. Die Menschen wurden aus ihrer Einbindung in patronale, ständische und regionale Strukturen herausgerissen. Die bisherige Grossfamilie bildete nicht mehr das soziale Netz. Nebst der Teilung der Gesellschaft (Proletarisierung) bildete sich eine Massenarmut (Pauperismus) mit entsprechenden Folgen auf die politische Stabilität: die soziale Frage entstand.

Die Anfänge der schweizerischen Sozialversicherungen finden sich in den Bestimmungen über das Arbeitsrecht. Im Fabrikgesetz von 1877 sind die ersten Verpflichtungen der Arbeitgebenden festgehalten. Sie umfassen:

- die Arbeitssicherheit und deren Kontrolle;
- die Kapitalleistung bei Erwerbsunfähigkeit eines Arbeitnehmenden infolge Unfall;
- das Verbot der Kinderarbeit;
- die Einführung des 11-Stundenarbeitstages (mit 6 Arbeitstagen pro Woche).

Die Sozialversicherungen in der Schweiz sind nicht harmonisch und als Ganzes entstanden und gewachsen. Entwicklungen in anderen Ländern hatten ihre Auswirkungen auf die Schweiz. Auf die Entstehung und Konzeption der einzelnen Zweige der schweizerischen Sozialversicherung hatten drei Personen massgeblichen Einfluss:

- Bismarck: pro Risiko eine eigene Sozialversicherung (mit Mehrfachdeckungen und Lücken).

  Bismarck realisierte gegen Ende des 19. Jahrhunderts innerhalb von wenigen Jahren eine Unfall- und Krankenversicherung sowie eine Alters- und Invalidenversicherung. Für die verarmte Arbeiterklasse

wollte er einen minimalen Versicherungsschutz. Antriebsfeder für sein Handeln war, politische Unruhen zu vermeiden. Allfällige Unruhen konnte Bismarck für die Durchsetzung seiner politischen und militärischen Ziele nicht gebrauchen.
Mit Blick auf die Entwicklung in Deutschland entstand dann auch in der Schweiz die Forderung nach einer Kranken- und Unfallversicherung. Bis zur Umsetzung der obligatorischen Unfallversicherung für Arbeitnehmende verstrichen mehr als 20 Jahre. Bei der Krankenversicherung wurde auf ein Obligatorium verzichtet und dafür eine Subventionierung der bestehenden Krankenkassen eingerichtet. Erst 1996 wurde die obligatorische Krankenversicherung in Kraft gesetzt.
Die Annahme einer Verfassungsgrundlage für die Alters-, Hinterlassenen- und Invalidenversicherung liess bis nach dem 1. Weltkrieg auf sich warten. Die definitive Einführung erfolgte gestaffelt erst nach dem 2. Weltkrieg.
- Beveridge: Versicherung der Wohnbevölkerung (nicht allein ursachenorientierte Elemente).
  Von Beveridge wurde der Gedanke der «Volksversicherung» übernommen. Umgesetzt wurde sie bei der Alters-, Hinterlassenen- und Invalidenversicherung und mit grosser zeitlicher Verzögerung bei der Krankenversicherung.
  Eine Ausdehnung der Alters-, Hinterlassenen- und Invalidenversicherung über die berufliche Vorsorge hinaus zu einer Volksversicherung wurde 1972 abgelehnt und dafür das 3-Säulen-System eingeführt.
- Roosevelt: Einbezug von bestehenden Versicherungsträgern (Ausgleichskassen, Unfallversicherer, Krankenkassen).
  Dass bestehende Versicherungsträger für bestimmte Sozialversicherungen oder Teile davon zuständig sind, geht auf Roosevelt zurück. Dies zeigt sich bei der Kranken- und Unfallversicherung, bei der beruflichen Vorsorge, bei den AHV-Ausgleichskassen und auch bei den Arbeitslosenkassen.

Die nachfolgende Aufstellung gibt einen Überblick über die unterschiedliche und eigenständige Entwicklung der einzelnen Sozialversicherungen (vgl. Gertrud E. Bollier, Leitfaden schweizerische Sozialversicherung, 2015, Seite 30). Interessant ist die Zeitspanne von der Schaffung der Verfassungsgrundlage bis zum Inkrafttreten des einzelnen Gesetzes.

| **Sozialversicherung:** | **Verfassungsgrundlage von** | **In Kraft gesetzt per** |
|---|---|---|
| Militärversicherung | 1874 | 1902 |
| Kranken- und Unfallversicherung | 1890 | 1912 |
| Unfallversicherung | 1890 | 1984 |
| Krankenversicherung | 1890 | 1996 |
| Alters- und Hinterlassenenversicherung | 1925 | 1948 |
| Invalidenversicherung | 1925 | 1960 |
| Ergänzungsleistungen zur AHV und zur IV | 1925 | 1966 |
| berufliche Alters-, Hinterlassenen- und Invalidenversicherung | 1972 | 1985 |
| Arbeitslosenversicherung und Insolvenzentschädigung | 1947 | 1952 (IE: 1983) |
| Erwerbsausfallentschädigung | 1947 / 1959 | 1953 |
| Mutterschaftsversicherung (bzw. -entschädigung) | 1945 | 2005 |
| Familienzulagen | 2006 | 2009 |

Typisch für die Schweiz ist die lange Dauer von der Verfassungsgrundlage bis zum Inkrafttreten eines entsprechenden Gesetzes. Mit wenigen Ausnahmen dauerte es mindestens 20 Jahre. Am längsten dauerte es bei der verfassungsmässigen Umsetzung der Mutterschaftsversicherung, die erst mit über 100-jähriger Verspätung als Mutterschaftsentschädigung eine Gesetzesgrundlage erhalten hat und zwar als Teil der Erwerbsersatzordnung.
Auffallend ist auch die unterschiedliche Dynamik, wie sich die einzelnen Sozialversicherungen verändert haben. Anhand der Anzahl Revisionen kann die Entwicklung abgelesen werden. In jüngster Zeit sind verschiedene Revisionsvorschläge vom Volk abgelehnt worden, so zum Beispiel die 11. AHV-Revision. Die aktuelle Tendenz bei den geplanten Revisionen geht in Richtung Finanzierung des Machbaren und Reduktion des Leistungsumfangs, der Leistungshöhe und des Kreises der anspruchsberechtigten Personen sowie hin zu vermehrter Eigenverantwortung und verstärkter Mitwirkungspflicht.
Weil die einzelnen Sozialversicherungen in einem eigenen Rhythmus und eigenständig gewachsen sind, ist es schwierig, allfällige Auswirkun-

gen einer geplanten Änderung in einer Sozialversicherung umfassend abzuschätzen und einzuordnen.
Dank dem am 1.1.2003 in Kraft getretenen Bundesgesetz über den Allgemeinen Teil des Sozialversicherungsrechts (ATSG) wurden viele Definitionen für alle Sozialversicherungen einheitlich geregelt. Im ATSG sind allgemeine Bestimmungen über Leistungen und Beiträge, allgemeine Verfahrensbestimmungen, Koordinationsregeln sowie der Rückgriff festgehalten. Obwohl dieses Bundesgesetz allgemeine Regeln beinhaltet, ist die berufliche Alters- Hinterlassenen- und Invalidenvorsorge (BVG) diesem nicht direkt unterstellt worden. Zudem können in den einzelnen Sozialversicherungen abweichende Bestimmungen gelten. Mit dem ATSG ist es leider nicht gelungen, eine Harmonisierung unter den einzelnen Sozialversicherungen zu erreichen. Ein entsprechender Aufwand für die intrasystemische, intersystemische und extrasystemische Koordination ist nach wie vor zu erbringen.
Am Schluss wird in Kapitel F) «Anmerkungen rund um die Sozialversicherungen» auf aktuelle Gesetzesänderungen sowie auf neu geplante Gesetze näher eingegangen.

## B) Übersicht über die Sozialversicherungen

Das Schweizerische Sozialversicherungssystem wird in fünf Bereiche unterteilt:

- Alters-, Hinterlassenen- und Invalidenvorsorge (3-Säulen-System),
- Schutz vor Folgen einer Krankheit oder eines Unfalls,
- Erwerbsersatz für Dienstleistende und bei Mutterschaft,
- Arbeitslosenversicherung inklusive Insolvenzentschädigung und
- Familienzulagen.

Nachfolgend wird zuerst das 3-Säulen-System näher erläutert. Anschliessend folgen die Angaben zu den einzelnen Sozialversicherungen.

### 1. Das 3-Säulen-System

In der Bundesverfassung ist das 3-Säulen-System festgehalten (Art. 111 BV). Unter den Begriff «3-Säulen-System» fällt das Zusammenspiel der AHV/IV (inklusive Ergänzungsleistungen zur AHV/IV), der beruflichen Vorsorge und der privaten Vorsorge.

#### *1.1. Erste Säule*

Die AHV/IV, erste Säule genannt, soll den Existenzbedarf decken. Wo dies nicht ausreicht, greifen die Ergänzungsleistungen zur AHV/IV.

#### *1.2. Zweite Säule*

Die Leistungen der obligatorischen beruflichen Vorsorge, zweite Säule genannt, sollen zusammen mit den Leistungen der ersten Säule (AHV/IV) den «gewohnten Lebensbedarf» sichern. Ursprünglich war vor der Einführung der obligatorischen beruflichen Vorsorge im Jahr 1985 von einem Leistungsziel in der Höhe von 60% des Einkommens die Rede (AHV-Obergrenze). Unter dem Begriff der «zweiten Säule» fallen auch die Leistungen der überobligatorischen beruflichen Vorsorge. Diese umfasst alle Leistungen, die höher sind als die Mindestleistungen nach den Bestimmungen über die obligatorische berufliche Vorsorge (BVG).

#### *1.3. Dritte Säule*

Die dritte Säule umfasst alle Leistungsarten und Vorsorgeformen der privaten Selbst-Vorsorge, sei es das Sparen bei einer Bank oder das Vorsorgen bei einer Versicherung. Die dritte Säule wird unterteilt in die steuerbegünstigte Säule 3a und die freie Vorsorge der Säule 3b.

## 2. Alters- und Hinterlassenenversicherung (AHV)

### *2.1 Versicherte Personen*

Versichert sind:

- natürliche Personen mit Wohnsitz in der Schweiz,
- natürliche Personen, die in der Schweiz eine Erwerbstätigkeit ausüben (Ausnahme: aus einem EU-/EFTA-Land entsandte Erwerbstätige),
- Schweizer Bürger, die im Ausland im Dienste der Eidgenossenschaft, einer internationalen Organisation (mit denen der Bundesrat ein Sitzabkommen abgeschlossen hat) oder einer privaten (vom Bund namhaft unterstützten) Hilfsorganisation tätig sind.

Nicht versichert sind:

- ausländische Staatsangehörige, die Privilegien und Immunitäten gemäss den Regeln des Völkerrechts geniessen,
- Personen, die einer ausländischen staatlichen Alters- und Hinterlassenenversicherung angehören (nicht zumutbare Doppelbelastung),
- Personen, welche die Voraussetzungen nur für eine verhältnismässig kurze Zeit erfüllen.

Freiwillige Versicherung:
Schweizerbürgerinnen und -bürger sowie Staatsangehörige von EU- oder EFTA-Staaten, die ausserhalb dieser Staaten wohnen, können sich innerhalb eines Jahres freiwillig bei der AHV versichern, falls sie unmittelbar vorher während mindestens 5 aufeinander folgenden Jahren obligatorisch versichert waren.

### *2.2 Versicherter Verdienst*

Der versicherte Verdienst wird vom beitragspflichtigen Erwerbseinkommen abgeleitet. Die Beitragspflicht besteht bei den erwerbstätigen Versicherten auf jeglichem erzielten Einkommen aus selbständiger und unselbständiger Erwerbstätigkeit (siehe aber nachstehende Ausnahmen vom massgebenden Lohn).

Vom Grundsatz «jegliches Entgelt für Arbeit» (respektive jegliches Erwerbseinkommen) «ist massgebender Lohn», gibt es nur wenige Ausnahmen und keine Höchstgrenze.

Bei den Arbeitnehmenden umfasst der massgebende Lohn insbesondere alle Arten von Lohnzulagen, Naturalleistungen und Trinkgelder, soweit diese wesentlicher Bestandteil des Arbeitsentgeltes darstellen.

Zu den wichtigsten Ausnahmen vom massgebenden Lohn gehören:

- Einkommen aus einer im Ausland ausgeübten Erwerbstätigkeit.
- Altersrentner, die über das ordentliche AHV-Rentenalter weiter arbeiten, kommen in den Genuss eines Freibetrages in Höhe von Fr. 1400.– pro Monat, respektive Fr. 16800.– pro Jahr.
- Bei geringfügigen Jahreseinkommen von Arbeitnehmenden unter Fr. 2300.– werden, mit Ausnahme von Hausdienst-Arbeitnehmenden (z.B. privat angestellte Putzfrau), die AHV-Beiträge nur auf Verlangen der versicherten Person erhoben (diese Ausnahme gilt wiederum nicht, wenn die erwerbstätige Person jünger ist als 25 Jahre und das Jahreseinkommen kleiner ist als Fr. 750.–).

  Wird eine selbstständige Erwerbstätigkeit im Nebenerwerb ausgeübt und ein Einkommen erzielt, das pro Jahr kleiner ist als Fr. 2300.–, werden Beiträge nur auf Verlangen der versicherten Person erhoben.
- Sozialleistungen sowie anlässlich besonderer Ereignisse erfolgende Zuwendungen eines Arbeitgebenden an seine Arbeitnehmenden. Hierzu gehören zum Beispiel: Sonderzahlungen bei Firmenjubiläen (nicht zu verwechseln mit Dienstjubiläum der Mitarbeitenden!), Hochzeit, Bestehen von Berufsprüfungen etc.
- Sozialleistungen bei Entlassung aus betrieblichen Gründen soweit sie den doppelten Betrag der maximalen jährlichen AHV-Altersrente nicht übersteigen, wie z.B. Abgangsentschädigungen, Vorruhestandsleistungen, Entlassungsentschädigungen etc.
- In gewissem Rahmen: Beiträge des Arbeitgebers an Kranken- und Unfallversicherung ihrer Arbeitnehmenden, sofern sie die Prämien direkt an die Versicherung bezahlen und alle Arbeitnehmenden gleich behandeln.

Bei Selbständigerwerbenden wird vom Erwerbseinkommen gemäss Bundessteuern ausgegangen. Dieser Netto-Betrag wird von der Steuerverwaltung der AHV-Ausgleichskasse gemeldet. Da nur das Erwerbseinkommen beitragspflichtig ist, muss zuerst der Zins auf dem im Betrieb investierten Eigenkapitals (sowie bei Personen im AHV-Alter der Einkommensfreibetrag) abgezogen werden. Dieses korrigierte Netto-Erwerbseinkommen muss dann auf das Brutto-Erwerbseinkommen hochgerechnet werden, von dem dann die AHV/IV/EO-Beiträge (plus Verwaltungskostenbeitrag) und die Beiträge an die Familienausgleichskasse (sofern das Mindesteinkommen überschritten wird) erhoben werden.

Da es bei Nichterwerbstätigen kein Einkommen im eigentlichen Sinn gibt, bestimmen sich die Beiträge nach den wirtschaftlichen Verhältnissen (Vermögen plus das 20-fache jährliche Ersatzeinkommen aus Renten [inkl. Anrechnung der Alters- und Hinterlassenenrenten der AHV] und Taggeldern) siehe 2.4 «Kosten / Beiträge».

## *2.3 Leistungen*

### *2.3.1 Altersleistungen*

Unter dem Begriff «Altersleistungen» fallen Leistungen der versicherten Person und je nach Konstellation auch für deren Kinder.

- Altersrente

  Anspruch auf eine Altersrente haben Personen, die das ordentliche Rentenalter erreicht haben.

  Für Männer liegt das ordentliche Rentenalter bei 65 Jahren und für Frauen bei 64 Jahren.

  Damit eine Person Anspruch auf eine Altersrente hat, müssen ihr mindestens während eines vollen Beitragsjahres Beiträge angerechnet werden können.

Ein volles Beitragsjahr liegt vor, wenn:

- die versicherte Person während insgesamt eines Jahres Beiträge geleistet hat, oder
- der erwerbstätige Ehepartner einer versicherten Person mindestens während eines Jahres mindestens den doppelten Mindestbeitrag entrichtet hat, oder

- Erziehungs- oder Betreuungsgutschriften angerechnet werden können.

*Erziehungsgutschriften*

Für jedes Jahr, in dem eine versicherte Person Kinder unter 16 Jahren hatte (Pflegekinder fallen nicht darunter), werden Erziehungsgutschriften angerechnet. Sie entspricht der dreifachen jährlichen Minimalrente. Bei verheirateten Personen wird die Erziehungsgutschrift während der Kalenderjahre der Ehe je zur Hälfte zugesprochen. Der Durchschnitt ergibt sich, indem die Summe der Erziehungsgutschriften durch die gesamte Beitragsdauer geteilt wird.
Bei geschiedenen oder nicht miteinander verheirateten Eltern regelt das Gericht oder die Kindesschutzbehörde seit 1. Januar 2015 die gemeinsame elterliche Sorge, die Obhut oder die Betreuungsanteile und die Anrechnung der Erziehungsgutschriften. Solange die Anrechnung der Erziehungsgutschriften nicht geregelt ist, wird die ganze Erziehungsgutschrift der Mutter angerechnet.
Für Erziehungszeiten vor dem 1. Januar 2015 können die Eltern bestimmen, welchem Elternteil die Erziehungsgutschriften anzurechnen sind. Fehlt eine solche Vereinbarung, werden sie geteilt.

*Betreuungsgutschriften*

Versicherten Personen können für Jahre, in denen sie pflegebedürftige Verwandte betreuen, Betreuungsgutschriften angerechnet werden (diese sind jährlich bei der AHV-Ausgleichskasse zu beantragen). Die Höhe der Betreuungsgutschrift entspricht der dreifachen jährlichen Minimalrente. Bei verheirateten Personen wird die Betreuungsgutschrift während der Kalenderjahre der Ehe je zur Hälfte aufgeteilt. Für Jahre, in denen Erziehungsgutschriften angerechnet werden können, besteht kein Anspruch auf Betreuungsgutschriften.
Der Anspruch auf eine Altersrente entsteht am ersten Tag des Monats, welcher der Vollendung des ordentlichen Rentenalters folgt. Im Rahmen des flexiblen Rentenalters können Frauen und Männer die Altersrente um ein oder zwei ganze Jahre vorbeziehen (mit einer Rentenkürzung von 6,8% pro Jahr) oder den Bezug um ein Jahr bis höchstens fünf Jahre aufschieben (mit entsprechendem Zuschlag von 5,2% bei einem

Jahr bis zu 31,5% bei fünf Jahren). Der Aufschub muss vor Erreichen des ordentlichen AHV-Alters schriftlich mit dem entsprechenden Formular angemeldet werden.
Der Anspruch auf eine Altersrente erlischt am Ende des Monats, in dem die rentenberechtigte Person stirbt.

*Kinderrenten*
Rentenberechtigte Personen haben Anspruch auf Kinderrenten für Söhne und Töchter:
- bis diese das 18. Altersjahr beendet haben, oder
- bis diese ihre Ausbildung abgeschlossen haben, längstens aber bis zum vollendeten 25. Altersjahr.

Der Anspruch auf Kinderrente gilt auch für Pflegekinder, die unentgeltlich aufgenommen wurden. Keine Kinderrente wird für Pflegekinder ausgerichtet, die erst nach der Entstehung des Anspruchs auf eine Altersrente in Pflege genommen wurden. Eine Ausnahme bilden die Kinder des Ehepartners.

### *2.3.2 Hinterlassenenleistungen*
Damit eine Person Anspruch auf eine Hinterlassenenrente hat, müssen der verstorbenen Person mindestens während eines vollen Beitragsjahres Beiträge angerechnet werden können. Ein volles Beitragsjahr liegt vor, wenn die verstorbene Person:
- während eines Jahres Beiträge geleistet hat, oder
- versichert war und deren Ehepartner mindestens während eines Jahres mindestens den doppelten Mindestbeitrag entrichtet hat, oder
- Erziehungs- oder Betreuungsgutschriften angerechnet werden können.

Es gibt drei Arten von Hinterlassenenrenten:

*1. Witwenrenten*
Eine verheiratete Frau, deren Ehegatte verstorben ist, hat Anspruch auf eine Witwenrente, wenn sie zum Zeitpunkt der Verwitwung:
- eines oder mehrere Kinder (gleichgültig welchen Alters) hat. Als Kinder gelten auch im gemeinsamen Haushalt lebende Kinder des verstorbenen Ehegatten, die durch dessen Tod Anspruch auf eine Wai-

senrente haben. Das gleiche gilt für Pflegekinder, die bisher von den Ehegatten betreut wurden, sofern sie von der Witwe später adoptiert werden, oder
- das 45. Altersjahr zurückgelegt hat und mindestens 5 Jahre verheiratet war. Die Ehejahre werden zusammengezählt, wenn sie mehrmals verheiratet war.

Eine geschiedene Frau, deren ehemaliger Ehegatte verstorben ist, hat Anspruch auf eine Witwenrente, wenn:
- sie Kinder und die geschiedene Ehe mindestens 10 Jahre gedauert hat, oder
- sie bei der Scheidung älter als 45 Jahre war und die geschiedene Ehe mindestens 10 Jahre gedauert hat, oder
- das jüngste Kind sein 18. Lebensjahr vollendet, nachdem die geschiedene Mutter 45 Jahre alt geworden ist.

Eine geschiedene Frau, die keine dieser Voraussetzungen erfüllt, hat Anspruch auf eine Witwenrente bis zum 18. Geburtstag des jüngsten Kindes.

*2. Witwerrenten*

Ein verheirateter Mann, dessen Ehefrau verstorben ist, hat Anspruch auf eine Witwerrente, solange er Kinder unter 18 Jahren hat.
Die gleichen Anspruchsvoraussetzungen gelten auch für geschiedene Männer.

*3. Waisen*

Stirbt der Vater oder die Mutter, richtet die AHV eine Waisenrente aus. Beim Tod beider Eltern besteht Anspruch auf zwei Waisenrenten.
Der Anspruch erlischt mit dem 18. Geburtstag oder bei Abschluss der Ausbildung, spätestens jedoch mit dem 25. Geburtstag.
Für Pflegekinder gelten besondere Bestimmungen.

*Eingetragene Partnerschaft*

Für den hinterlassenen Partner/die hinterlassene Partnerin gelten die gleichen Bestimmungen wie für einen Witwer.

*Beginn und Ende des Anspruchs*
Der Anspruch auf eine Hinterlassenenrente entsteht am ersten Tag des dem Tode des (geschiedenen) Ehegatten oder des Elternteils folgenden Monats.
Der Rentenanspruch erlischt am Ende des Monats, in dem die Voraussetzungen wegfallen. Mit der Wiederverheiratung erlischt die Witwen- oder Witwerrente. Die Waisenrenten laufen dagegen weiter.

### 2.3.3 *Hilfsmittel der AHV*

In der Schweiz wohnende Personen, die eine Altersrente oder Ergänzungsleistungen zur AHV/IV beziehen, haben Anspruch auf Hilfsmittel der AHV.
Die AHV übernimmt in der Regel 75% der Nettokosten (unabhängig von Einkommen und Vermögen) nur für folgende Hilfsmittel:
- Perücken,
- Hörgerät für ein Ohr (hochgradig schwerhörig und das Hörgerät ermöglicht eine eindeutig bessere Verständigung mit der Umwelt),
- Lupenbrillen,
- Sprechhilfegräte für kehlkopfoperierte Personen,
- Gesichtsepithesen,
- orthopädische Mass-Schuhe und orthopädische Serien-Schuhe,
- Rollstühle ohne Motor (volle Übernahme der Mietkosten).

Der Anspruch auf Hilfsmittel der AHV muss mit dem Formular bei derjenigen AHV-Ausgleichskasse angemeldet werden, welche die Altersrente ausrichtet.

### 2.3.4 *Hilflosenentschädigung zur AHV*

In der Schweiz wohnende Personen, die eine Altersrente oder Ergänzungsleistungen zur AHV/IV beziehen, können eine Hilflosenentschädigung der AHV geltend machen, wenn:
- sie in schwerem, mittelschwerem oder leichten Grad hilflos sind (leichten Grades: nur für Zuhause wohnende Personen),
- die Hilflosigkeit ununterbrochen mindestens ein Jahr gedauert hat,
- kein Anspruch auf eine Hilflosenentschädigung der obligatorischen Unfallversicherung oder der Militärversicherung besteht.

Hilflos ist, wer für alltägliche Lebensverrichtungen (Ankleiden, Körperpflege, Essen usw.) dauernd auf die Hilfe Dritter angewiesen ist, dauernder Pflege oder persönlicher Überwachung bedarf.
Die Entschädigung beträgt bei einer Hilflosigkeit:
- leichten Grades: Fr. 235.–, (gilt nur für Zuhause wohnende Personen)
- mittleren Grades: Fr. 588.–,
- schweren Grades: Fr. 940.–.

Der Anspruch auf Hilflosenentschädigung ist unabhängig von Einkommen und Vermögen.

*Anmeldung*
Der Anspruch muss mit dem Formular bei derjenigen AHV-Ausgleichskasse angemeldet werden, welche die Alters- oder Hinterlassenenrente ausbezahlt. Die IV-Stelle des Wohnortes entscheidet über den Grad der Hilflosigkeit.

### *2.3.5 Übersicht über die Rentenbeträge*

*Monatliche Vollrenten*
Eine Vollrente erhält, wer ab dem 1 Januar nach Vollendung des 20. Altersjahres bis zum ordentlichen AHV-Alter vollständige Versicherungs- respektive Beitragsjahre nachweist. Liegen diese vor, gelten die Rentenbeträge der Skala 44. Innerhalb der Skala wird die Rente gewährt, die dem massgebenden durchschnittlichen Jahreseinkommen entspricht. Das massgebende durchschnittliche Jahreseinkommen wird aus der Summe der beitragspflichtigen Einkommen plus allfälligen Erziehungs- und/oder Betreuungsgutschriften berechnet. Da die Einkommen zu Beginn der Beitragspflicht bis zum Zeitpunkt des Rentenanspruchs der Geldentwertung unterlagen (Inflation), wird das durchschnittliche Jahreseinkommen mit dem Aufwertungsfaktor multipliziert. Die nachstehende Tabelle gibt die Beträge der Monatsrenten (Rentenskala für 2015/ 2016) wieder:

| Bestimmungs-grösse | Altersrente | Altersrente für Witwe / Witwer | Hinterlassenenleistungen | | |
|---|---|---|---|---|---|
| massgebendes durchschnittliches Jahreseinkommen | | | Witwen- / Witwer-rente | Waisen- und Kinderrente | Vollwaisen-rente |
| bis 14 100 | 1175 | 1410 | 940 | 470 | 705 |
| 15 510 | 1206 | 1447 | 964 | 482 | 723 |
| 16 920 | 1236 | 1483 | 989 | 494 | 742 |
| 18 330 | 1267 | 1520 | 1013 | 507 | 760 |
| 19 740 | 1297 | 1557 | 1038 | 519 | 778 |
| 21 150 | 1328 | 1593 | 1062 | 531 | 797 |
| 22 560 | 1358 | 1630 | 1087 | 543 | 815 |
| 23'970 | 1389 | 1667 | 1111 | 556 | 833 |
| 25'380 | 1419 | 1703 | 1136 | 568 | 852 |
| 26'790 | 1450 | 1740 | 1160 | 580 | 870 |
| 28'200 | 1481 | 1777 | 1184 | 592 | 888 |
| 29'610 | 1511 | 1813 | 1209 | 604 | 907 |
| 31'020 | 1542 | 1850 | 1233 | 617 | 925 |
| 32'430 | 1572 | 1887 | 1258 | 629 | 943 |
| 33'840 | 1603 | 1923 | 1282 | 641 | 962 |
| 35'250 | 1633 | 1960 | 1307 | 653 | 980 |
| 36'660 | 1664 | 1997 | 1331 | 666 | 998 |
| 38'070 | 1694 | 2033 | 1355 | 678 | 1017 |
| 39'480 | 1725 | 2070 | 1380 | 690 | 1035 |
| 40'890 | 1755 | 2106 | 1404 | 702 | 1053 |
| 42'300 | 1786 | 2143 | 1429 | 714 | 1072 |
| 43'710 | 1805 | 2166 | 1444 | 722 | 1083 |
| 45'120 | 1824 | 2188 | 1459 | 729 | 1094 |
| 46'530 | 1842 | 2211 | 1474 | 737 | 1105 |
| 47'940 | 1861 | 2233 | 1489 | 744 | 1117 |
| 49'350 | 1880 | 2256 | 1504 | 752 | 1128 |
| 50'760 | 1899 | 2279 | 1519 | 760 | 1139 |
| 52'170 | 1918 | 2301 | 1534 | 767 | 1151 |
| 53'580 | 1936 | 2324 | 1549 | 775 | 1162 |
| 54'990 | 1955 | 2346 | 1564 | 782 | 1173 |
| 56'400 | 1974 | 2350 | 1579 | 790 | 1184 |
| 57'810 | 1993 | 2350 | 1594 | 797 | 1196 |
| 59'220 | 2012 | 2350 | 1609 | 805 | 1207 |
| 60'630 | 2030 | 2350 | 1624 | 812 | 1218 |
| 62'040 | 2049 | 2350 | 1639 | 820 | 1230 |
| 63'450 | 2068 | 2350 | 1654 | 827 | 1241 |
| 64'860 | 2087 | 2350 | 1669 | 835 | 1252 |
| 66'270 | 2106 | 2350 | 1684 | 842 | 1263 |
| 67'680 | 2124 | 2350 | 1700 | 850 | 1275 |
| 69'090 | 2143 | 2350 | 1715 | 857 | 1286 |
| 70'500 | 2162 | 2350 | 1730 | 865 | 1297 |
| 71'910 | 2181 | 2350 | 1745 | 872 | 1308 |
| 73'320 | 2200 | 2350 | 1760 | 880 | 1320 |
| 74'730 | 2218 | 2350 | 1775 | 887 | 1331 |
| 76'140 | 2237 | 2350 | 1790 | 895 | 1342 |
| 77'550 | 2256 | 2350 | 1805 | 902 | 1354 |
| 78'960 | 2275 | 2350 | 1820 | 910 | 1365 |
| 80'370 | 2294 | 2350 | 1835 | 917 | 1376 |
| 81'780 | 2312 | 2350 | 1850 | 925 | 1387 |
| 83'190 | 2331 | 2350 | 1865 | 932 | 1399 |
| 84'600 und mehr | 2350 | 2350 | 1880 | 940 | 1410 |

Eintrittsabhängige pauschale Aufwertungsfaktoren (bei Eintritt des Ereignisses zum Beispiel im 2015*):

| Erster IK-Eintrag im Jahr | Aufwertungs-faktor | Erster IK-Eintrag im Jahr | Aufwertungs-faktor | Erster IK-Eintrag im Jahr | Aufwertungs-faktor |
|---|---|---|---|---|---|
| 1966 | 1,292 | 1983 | 1,028 | 2000 | 1,000 |
| 1967 | 1,272 | 1984 | 1,017 | 2001 | 1,000 |
| 1968 | 1,253 | 1985 | 1,006 | 2002 | 1,000 |
| 1969 | 1,234 | 1986 | 1,000 | 2003 | 1,000 |
| 1970 | 1,215 | 1987 | 1,000 | 2004 | 1,000 |
| 1971 | 1,196 | 1988 | 1,000 | 2005 | 1,000 |
| 1972 | 1,179 | 1989 | 1,000 | 2006 | 1,000 |
| 1973 | 1,163 | 1990 | 1,000 | 2007 | 1,000 |
| 1974 | 1,147 | 1991 | 1,000 | 2008 | 1,000 |
| 1975 | 1,133 | 1992 | 1,000 | 2009 | 1,000 |
| 1976 | 1,119 | 1993 | 1,000 | 2010 | 1,000 |
| 1977 | 1,106 | 1994 | 1,000 | 2011 | 1,000 |
| 1978 | 1,092 | 1995 | 1,000 | 2012 | 1,000 |
| 1979 | 1,078 | 1996 | 1,000 | 2013 | 1,000 |
| 1980 | 1,065 | 1997 | 1,000 | 2014 | 1,000 |
| 1981 | 1,052 | 1998 | 1,000 | | |
| 1982 | 1,040 | 1999 | 1,000 | | |

*Pro Kalenderjahr, in dem das Ereignis eintritt (zum Beispiel 2014, 2015, 2016), gibt es eine eigene Tabelle mit den Aufwertungsfaktoren.

*Beispiel einer Rentenberechnung*

Frau Gaby Gut, geboren am 15. September 1951, Mutter eines Kindes, möchte wissen, wie hoch ihre AHV-Altersrente im Alter 64 (ab 1. Oktober 2015) sein wird. Ihr Ehemann bezieht weder eine IV-Rente noch eine AHV-Altersrente. Folgende Zahlen sind bekannt (resp. wurden für die Rentenvorausberechnung angenommen):

- Total der Einkommen (1.1 nach Alter 20 bis 31.12. vor Alter 64): Fr. 1090000
- Aufwertungsfaktor: 1,179 (Jahrgang 1951 + 21 Jahre = 1972)
- aufgewertetes Einkommen: Fr. 1285110
- Beitragsjahre: 43 (volle Beitragszeit von Alter 21 bis Alter 64)
- Durchschnittseinkommen: Fr. 29886
- Erziehungsgutschriften (1 Kind): Fr. 7870
- Durchschnitt Total: Fr. 37756

- massgebendes Einkommen für Skala 44: Fr. 38070
- Altersrente (pro Monat): Fr. 1694

Bei fehlenden Versicherungs- oder Beitragsjahren gilt nicht mehr die oben aufgeführte Tabelle der Skala 44, sondern eine tiefere Skala (für die Berechnung der massgebenden tieferen Skala gelten die Bestimmungen von Art. 52 AHVV).

## 2.4 Kosten / Beiträge

### 2.4.1 Arbeitnehmende

Alle Erwerbstätigen sind ab dem 1. Januar nach Vollendung des 17. Altersjahres AHV-beitragspflichtig. Bei geringfügigen Jahreseinkommen unter Fr. 2300.– werden – mit Ausnahme von Hausdienst-Arbeitnehmenden (z.B. privat angestellte Putzfrau) – die AHV-Beiträge nur auf Verlangen der versicherten Person erhoben (diese Ausnahme gilt wiederum nicht, wenn die erwerbstätige Person jünger ist als 25 Jahre und das Jahreseinkommen kleiner ist als Fr. 750.–). Ab Erreichen des ordentlichen Rentenalters gilt ein Freibetrag, auf den keine Beiträge zu entrichten sind.

Der Beitragssatz für die AHV beträgt 8.4% des AHV-pflichtigen Lohnes. Arbeitgebende und Arbeitnehmende tragen je die Hälfte des AHV-Beitrages. Der Arbeitgebende zieht den Beitrag des Arbeitnehmenden vom Lohn ab und überweist ihn zusammen mit seinen Beiträgen an seine zuständige AHV-Ausgleichskasse. Bei Arbeitnehmenden, die das AHV-Alter schon erreicht haben, ist erst das den Freibetrag von Fr. 16800.– pro Jahr übersteigende Erwerbseinkommen beitragspflichtig.

### 2.4.2 Selbständigerwerbende

Alle Erwerbstätigen unterstehen ab dem 1. Januar nach Vollendung des 17. Altersjahres der AHV-Beitragspflicht. Ab Erreichen des ordentlichen Rentenalters gilt ein Freibetrag in der Höhe von Fr. 16800.– pro Jahr, auf den keine Beiträge zu entrichten sind.

Der Beitragssatz für AHV beträgt 7,8% des AHV-pflichtigen Jahreseinkommens. Liegt das Erwerbseinkommen zwischen Fr. 9400.– und Fr. 56400.–, gelangt ein reduzierter Beitragssatz zur Anwendung.

Der Mindestbeitrag an die AHV/IV/EO (ohne Verwaltungskosten) beträgt Fr. 478.– pro Jahr.

Für Selbständigerwerbende im Nebenerwerb ist erst ein Jahreseinkommen ab Fr. 2300.– beitragspflichtig.

*2.4.3 Nichterwerbstätige*

Die AHV-Beitragspflicht beginnt ab 1. Januar nach Vollendung des 20. Altersjahres. Die AHV-Beitragspflicht endet, wenn das ordentliche Rentenalter (Männer = 65; Frauen = 64 Jahre) erreicht ist.
Als Grundlage für die Berechnung der gesamten Beiträge an die AHV (und die IV und die EO) dienen das (Brutto-) Vermögen und das 20-fache jährliche Renteneinkommen. Die Alters- und Hinterlassenenrenten der AHV werden ebenfalls angerechnet, nicht hingegen die Invalidenrenten der eidgenössischen IV. Das Total aus dieser Berechnung bestimmt den tabellarischen Betrag der Beiträge (der Maximalbetrag: Fr. 23 900.– entspricht dem 50-fachen Minimalbetrag: Fr. 478.–; jeweils ohne Verwaltungskosten).

## 2.5 Meldewesen

Der zuständigen AHV-Ausgleichskasse sind alle Ereignisse mitzuteilen, die einen Einfluss auf die Versicherungspflicht, die Beitragspflicht und den Leistungsbezug haben. Da die Versicherungspflicht nicht in jedem Fall eine Beitragspflicht nach sich zieht, sind die Auswirkungen eines Ereignisses unterschiedlich.
Wird ab dem 1. Januar nach Vollendung des 17. Altersjahres eine Erwerbstätigkeit ausgeübt, besteht eine Beitragspflicht.
Ab dem 1. Januar nach Vollendung des 20. Altersjahres beginnt spätestens die Beitragspflicht (bei der AHV-Ausgleichskasse des Wohnkantons melden). Eine Beitragspflicht als Nichterwerbstätiger besteht (in der Regel bei der AHV-Ausgleichskasse des Wohnkantons) wenn:

- keine Erwerbstätigkeit ausgeübt wird;
- nach einer Scheidung keine Erwerbstätigkeit aufgenommen wird und keine Taggelder der Arbeitslosenversicherung bezogen werden;
- eine Erwerbsunfähigkeit besteht, das heisst, invalid sein und seit längerer Zeit Taggelder einer Unfall- oder Krankenversicherung beziehen;
- bei der Arbeitslosenversicherung kein Anspruch auf Taggelder mehr besteht (Aussteuerung);

- eine vorzeitige Pensionierung erfolgt, ohne dass der andere Ehepartner ausreichend erwerbstätig ist und noch nicht das ordentliche AHV-Rentenalter erreicht hat;
- ein Ehepartner erreicht das ordentliche AHV-Rentenalter, der andere nichterwerbstätige Ehepartner noch nicht.

Einfluss während des Leistungsbezugs haben zum Beispiel (Meldung an die zuständige AHV-Ausgleichskasse):

- Heirat, Trennung oder Scheidung;
- Tod;
- Beginn oder Ende einer Ausbildung von Kindern;
- Tod eines Kindes unter 25 Jahren;
- definitiver Wegzug aus der Schweiz.

## *2.5 Zahlen zur AHV*

| | **1980** | **2000** | **2005** | **2010** | **2012** | **2013** | **2014** |
|---|---|---|---|---|---|---|---|
| **Einnahmen** (in Mio.) | | | | | | | |
| – Versicherte / Arbeitgeber | 8 629 | 20 482 | 23 271 | 27 461 | 28 875 | 29 539 | 29 942 |
| – Bund/Kantone | 1 931 | 7 417 | 8 596 | 9 776 | 10 177 | 10 441 | 10 597 |
| – übriger Ertrag | 335 | 893 | 1 845 | 1 257 | –1 772 | 903 | 2 033 |
| Total | 10 896 | 28 792 | 33 712 | 38 495 | 40 824 | 40 883 | 42 574 |
| **Ausgaben** (in Mio.) | | | | | | | |
| – Renten | 10 578 | 27 317 | 30 555 | 36 442 | 38 612 | 39 781 | 40 702 |
| – übrige Leistungen und Verw.kosten | 147 | 95 | 772 | 162 | 186 | 195 | 164 |
| Total | 10 725 | 27 721 | 31 327 | 36 604 | 38 798 | 39 976 | 40 866 |
| **Leistungsbezüger** (in 1000) | | | | | | | |
| AHV/Altersrenten | 1 030 | 1 516 | 1 698 | 1 981 | 2 088 | 2 143 | 2 196 |
| Hinterlassenenrenten | 132 | 131 | 142 | 159 | 165 | 169 | 173 |

Quellen: BSV: Schweizerische Sozialversicherungsstatistik, Sozialversicherungen 2014

Die Finanzierung der AHV erfolgt durch das Umlageverfahren. Es muss sichergestellt werden, dass langfristig die Einnahmen und Ausgaben ausgeglichen sind. Dies wird wegen steigenden Lebenserwartung und dem Eintritt der geburtenstarken Jahrgänge ins Rentenalter nicht mehr der Fall sein. Ohne Reformen (Stichwort: Altersvorsorge 2020) wird der AHV-Fonds geleert (seit 2011 werden je ein eigener AHV-Fonds, ein IV-Fonds und ein EO-Fonds geführt).

## *2.6 Höhe der AHV-Renten seit 1975 (bei vollständiger Beitragsdauer, Skala 44)*

| Jahr | minimale einfache Rente | maximale einfache Rente |
|---|---|---|
| 1975 | Fr. 6000.– | Fr. 12000.– |
| 1979 | Fr. 6300.– | Fr. 12600.– |
| 1980 | Fr. 6600.– | Fr. 13200.– |
| 1982 | Fr. 7440.– | Fr. 14880.– |
| 1984 | Fr. 8280.– | Fr. 16560.– |
| 1986 | Fr. 8640.– | Fr. 17280.– |
| 1988 | Fr. 9000.– | Fr. 18000.– |
| 1990 | Fr. 9600.– | Fr. 19200.– |
| 1992 | Fr. 10800.– | Fr. 21600.– |
| 1993 | Fr. 11280.– | Fr. 22560.– |
| 1995 | Fr. 11640.– | Fr. 23280.– |
| 1997 | Fr. 11940.– | Fr. 23880.– |
| 1999 | Fr. 12060.– | Fr. 24120.– |
| 2001 | Fr. 12360.– | Fr. 24720.– |
| 2003 | Fr. 12660.– | Fr. 25320.– |
| 2005 | Fr. 12900.– | Fr. 25800.– |
| 2007 | Fr. 13260.– | Fr. 26520.– |
| 2009 | Fr. 13680.– | Fr. 27360.– |
| 2011 | Fr. 13920.– | Fr. 27840.– |
| 2013 | Fr. 14040.– | Fr. 28080.– |
| 2015 | Fr. 14100.– | Fr. 28200.– |

Quelle: Bundesamt für Sozialversicherungen

## 3. Invalidenversicherung (IV)

### *3.1 Versicherte Personen*

Alle Personen, die in der Schweiz wohnen oder in der Schweiz eine Erwerbstätigkeit ausüben, sind bei der Invalidenversicherung (IV) obligatorisch versichert (Ausnahme: aus einem EU-/EFTA-Land entsandte Erwerbstätige).
Schweizerbürgerinnen und -bürger sowie Staatsangehörige von EU- oder EFTA-Staaten, die ausserhalb dieser Staaten wohnen, können sich unter gewissen Voraussetzungen bei der IV versichern (freiwillige Versicherung: AHV/IV/EO).

*Anspruchsberechtigte Personen*

Anspruch auf Leistungen der IV haben versicherte Personen, die wegen eines Gesundheitsschadens in ihrer Erwerbstätigkeit oder in ihrem bisherigen Aufgabenbereich teilweise oder ganz eingeschränkt sind. Dieser Gesundheitsschaden muss voraussichtlich bleibend sein oder zumindest für längere Zeit bestehen.
Versicherte Personen unter 20 Jahren können ebenfalls Leistungen der IV erhalten, wenn der Gesundheitsschaden ihre Erwerbstätigkeit voraussichtlich beeinträchtigen wird.

*Die Leistungen der Invalidenversicherung sollen:*

- die Invalidität mit geeigneten, einfachen und zweckmässigen Eingliederungsmassnahmen verhindern, vermeiden oder beheben,
- die verbleibenden ökonomischen Folgen der Invalidität im Rahmen einer angemessenen Deckung des Existenzbedarfs ausgleichen,
- zu einer eigenverantwortlichen und selbstbestimmten Lebensführung der betroffenen Versicherten beitragen.

Die Versicherten müssen alle Massnahmen unterstützen, die zu ihrer Eingliederung ins Erwerbsleben getroffen werden.
Vor der Gewährung einer IV-Rente werden in jedem Fall zuerst die Möglichkeiten der Eingliederung geprüft und ergriffen: «Eingliederung vor Rente».

## *3.2 Versicherter Verdienst*

Es gelten für die Berechnung der Rentenhöhe die gleichen Bestimmungen wie bei der AHV und für die Berechnung der Taggelder die gleichen Bestimmungen wie beim Bundesgesetz über die Unfallversicherung (UVG).

## *3.3 Leistungen*

### *3.3.1 Früherfassung und Frühintervention*

Durch das frühzeitige Erfassen von arbeitsunfähigen, versicherten Personen soll bei diesen der Eintritt einer Invalidität verhindert werden.
Das System der Früherfassung und Frühintervention soll rasch einsetzen. Es verfolgt das Ziel, den Arbeitsplatz von Menschen mit gesundheitsbedingt eingeschränkter Arbeitsunfähigkeit zu erhalten oder ihnen rasch einen passenden zu vermitteln. Die betroffenen Personen sowie andere explizit bezeichnete Beteiligte (Arzt, im gleichen Haushalt lebende Familienangehörige, Arbeitgeber, Krankentaggeldversicherer, Unfallversicherer, Pensionskassen, Arbeitslosenversicherung, Sozialhilfebehörde, Militärversicherung) können der IV-Stelle eine potentielle invalide Person melden. Es besteht jedoch keine Meldepflicht, ebenso wenig besteht ein Rechtsanspruch auf Leistungen der Frühintervention. Die IV-Stelle informiert die versicherte Person. Sie klärt die persönliche Situation der versicherten Person, insbesondere die Arbeitsunfähigkeit und deren Ursachen und Auswirkungen ab und beurteilt, ob Massnahmen der Frühintervention angesagt sind. Bei Bedarf fordert sie die versicherte Person auf, sich bei der Invalidenversicherung anzumelden.
Die versicherte Person muss alles ihr Zumutbare unternehmen, um die Dauer und das Ausmass der Arbeitsunfähigkeit zu verringern und den Eintritt einer Invalidität zu verhindern. Die versicherte Person muss aktiv an allen zumutbaren Massnahmen teilnehmen. Die Leistungen können gekürzt oder verweigert werden, wenn die versicherte Person ihren Pflichten nicht nachkommt.
Die Meldung zur Früherfassung ist keine Anmeldung für Leistungen der IV.

#### *3.3.1.1 Massnahmen der Frühintervention*

Mit Hilfe der Massnahmen der Frühintervention soll der bisherige Arbeitsplatz erhalten bleiben oder die versicherte Person soll an einem neuen Arbeitsplatz innerhalb oder ausserhalb des bisherigen Betriebes eingegliedert werden (es besteht aber kein Rechtsanspruch).

Folgende Massnahmen (Eingliederungsplan) können angeordnet werden:

- Anpassungen des Arbeitsplatzes,
- Ausbildungskurse,
- Arbeitsvermittlung,
- Berufsberatung,
- sozialberufliche Rehabilitation,
- Beschäftigungsmassnahmen.

Während der Dauer der Frühintervention (i.d.R. sechs Monate nach der Einreichung der IV-Anmeldung) richtet die IV keine Taggelder aus.

### *3.3.2 Anmeldung zum Bezug von IV-Leistungen*

Zum Bezug von Leistungen der IV (Eingliederungsmassnahmen, Rente, Hilflosenentschädigung, Hilfsmittel) muss die versicherte Person bei der IV-Stelle ihres Wohnkantons ein Gesuch einreichen (eine Person mit Wohnsitz im Ausland reicht das Gesuch bei der Schweizerischen Ausgleichskasse in Genf ein).

### *3.3.3 Eingliederungsmassnahmen*

Die Eingliederungsmassnahmen werden in der Schweiz und ausnahmsweise im Ausland gewährt.

#### *3.3.3.1 Medizinische Eingliederungsmassnahmen*

Die Behandlungskosten von Krankheiten und Unfallfolgen werden von der obligatorischen Kranken- bzw. Unfallversicherung übernommen (Folge der 5. IV-Revision, 2008).

Für Versicherte vor dem vollendeten 20. Altersjahr mit einem Geburtsgebrechen besteht eine besondere Regelung. Die IV übernimmt alle zur Behandlung des Geburtsgebrechens notwendigen medizinischen Massnahmen, und zwar ohne Rücksicht auf die zukünftige Erwerbsfähigkeit.

Die als Geburtsgebrechen anerkannten Leiden, für die ein Anspruch auf IV-Leistungen besteht, sind in einer Liste aufgeführt, die vom Bundesrat aufgestellt wird.

*3.3.3.2 Integrationsmassnahmen*

Versicherte Personen, die seit mindestens 6 Monaten zu mindestens 50% arbeitsunfähig sind, haben Anspruch auf Integrationsmassnahmen zur Vorbereitung auf die berufliche Integration, sofern dadurch die Voraussetzungen für die Durchführung von beruflichen Massnahmen geschaffen werden.

Als Integrationsmassnahmen gelten Massnahmen der sozialberuflichen Rehabilitation und Beschäftigungsmassnahmen. Die Integrationsmassnahmen bilden die Vorstufe zur Vorbereitung auf die Massnahmen beruflicher Art.

*3.3.3.3 Berufliche Eingliederungsmassnahmen*

Die IV unterstützt verschiedene Dienstleistungen, welche den Einstieg in eine Erwerbstätigkeit erleichtern sollen:

- Fachleute der IV-Stellen bieten Berufsberatung und Arbeitsvermittlung an für Versicherte, die infolge ihrer Invalidität in der Berufswahl oder in der Ausübung ihrer bisherigen Tätigkeit eingeschränkt sind.
- Hat die versicherte Person noch keine berufliche Ausbildung, übernimmt die IV die Kosten, die Versicherten aufgrund ihrer Invalidität zusätzlich entstehen. Zu einer solchen erstmaligen Ausbildung zählen die Berufs- oder Anlehre, der Besuch einer Mittel-, Fach- oder Hochschule, eine Ausbildung für Tätigkeiten im Haushalt und die Vorbereitung auf eine Hilfsarbeit oder auf eine Tätigkeit in einer geschützten Werkstätte.
- Bei Weiterausbildung, welche die Erwerbsfähigkeit voraussichtlich erhalten oder verbessern soll, übernimmt die IV die Kosten, die den Versicherten aufgrund ihrer Invalidität zusätzlich entstehen.
- Die IV übernimmt die Kosten für eine Umschulung, wenn Versicherte wegen der Invalidität ihre bisherige Tätigkeit nicht mehr oder nur noch unter erschwerten Umständen ausführen können.
- Die IV übernimmt auch Kosten für die Wiedereinschulung in den bisherigen Beruf.

- Versicherte haben Anrecht auf eine aktive Arbeitsvermittlung und Beratung im Hinblick auf die Beibehaltung eines bestehenden Arbeitsplatzes.
- Für versicherte Personen, die im Rahmen der Arbeitsvermittlung einen Arbeitsplatz gefunden haben, kann während der erforderlichen Anlern- oder Einarbeitungszeit während längstens 180 Tagen ein Einarbeitungszuschuss entrichtet werden. Dabei werden von der Invalidenversicherung teilweise die Kosten für die AHV/IV/EO/ALV-Beiträge sowie an die Unfallversicherung getragen.
- Unter besonderen Voraussetzungen gewährt die IV auch Kredite in Form von Kapitalhilfen, wenn behinderte Personen sich beruflich selbständig machen möchten oder wenn betriebliche Umstellungen aufgrund der Invalidität nötig werden.

#### *3.3.4 Hilfsmittel der IV*

Versicherte der IV haben Anspruch auf Hilfsmittel der IV, die sie benötigen, um weiter erwerbstätig oder in ihrem angestammten Aufgabenbereich (z.B. als Hausfrau oder Hausmann) tätig bleiben zu können, aber auch auf Hilfsmittel der IV, die für die Schulung, Ausbildung und funktionelle Angewöhnung benötigt werden.
Andererseits haben Versicherte auch Anspruch auf Hilfsmittel der IV, die sie brauchen, um ihren privaten Alltag möglichst selbständig und unabhängig bewältigen zu können. Dazu gehören Hilfsmittel für die Fortbewegung, für die Herstellung von Kontakten mit der Umwelt und für die Selbstsorge.

#### *3.3.5 Vergütung der Reisekosten in der IV*

Die IV übernimmt in der Regel die Kosten für den Transport mit öffentlichen Verkehrsmitteln, wenn für Abklärungs- und Eingliederungsmassnahmen Reisen notwendig sind, zum Beispiel bei:
- medizinischen Massnahmen,
- beruflichen Massnahmen,
- der Anpassung oder Reparatur von Hilfsmitteln.

*3.3.6 Taggelder der IV*

Die Taggelder der IV ergänzen die Eingliederungsmassnahmen der IV. Sie sollen den Lebensunterhalt der Versicherten und ihren Familienangehörigen während der Eingliederung sicherstellen. Anspruch auf ein Taggeld besteht, wenn die versicherte Person an wenigstens drei aufeinander folgenden Tagen wegen der Massnahmen verhindert sind, einer Arbeit nachzugehen oder in ihrer gewohnten Tätigkeit zu mindestens 50% arbeitsunfähig sind.

Das Taggeld wird ausgerichtet während:

- medizinischen Eingliederungsmassnahmen;
- Integrationsmassnahmen zur Vorbereitung auf die berufliche Eingliederung;
- Massnahmen beruflicher Art (Berufsberatung, erstmalige berufliche Ausbildung, Umschulung, Arbeitsvermittlung).

In bestimmten Ausnahmefällen (z.B. keine invaliditätsbedingte Erwerbseinbusse, Bezug einer Rente) gewährt die IV kein Taggeld. Ebenso erhalten Personen, die vor einer IV-finanzierten Eingliederungsmassnahme nicht erwerbstätig waren, kein Taggeld (dieses stellt Lohnersatz dar).

Anspruch auf Taggelder haben Versicherte erst, wenn sie das 18. Altersjahr vollendet haben. Der Anspruch ist unabhängig vom Geschlecht und vom Zivilstand.

Der Anspruch erlischt spätestens am Ende des Monats, in dem der Anspruch auf eine Altersrente entsteht.

Das Taggeld besteht aus einer Grundentschädigung und einem Kindergeld (sofern keine Familienzulagen ausgerichtet werden). Die Grundentschädigung beträgt 80% des letzten ohne gesundheitliche Einschränkung erzielten Erwerbseinkommens, im Maximum: UVG-Höchstbetrag. Für Personen, die das 20. Altersjahr vollendet haben und ohne Invalidität nach abgeschlossener Ausbildung eine Erwerbstätigkeit aufgenommen hätten, beträgt die Grundentschädigung 30%. Die Grundentschädigung von 30% gilt auch für Personen, die das 20. Altersjahr noch nicht vollendet haben und noch nicht erwerbstätig waren.

Versicherte Personen, die das 20. Altersjahr noch nicht vollendet haben und die sich medizinischen Eingliederungsmassnahmen unterziehen, ohne vorher erwerbstätig gewesen zu sein, haben Anspruch auf ein («kleines») Taggeld in der Höhe von 10% des Höchstbetrages des Taggeldes nach Art. 24 Abs. 1 IVG.

#### *3.3.7 IV-Renten*

Eine Invalidenrente wird nur gewährt, wenn zuerst die Möglichkeit einer Eingliederung geprüft wurde.
Anspruch auf eine IV-Rente haben versicherte Personen, die:
- bei denen die Eingliederungsmassnahmen nicht zum Ziel geführt haben,
- während eines Jahres ohne wesentlichen Unterbruch durchschnittlich mindestens 40% arbeitsunfähig gewesen sind,
- nach Ablauf eines Jahres zu mindestens 40% invalid sind.

Der Rentenanspruch entsteht frühestens nach Ablauf von 6 Monaten nach Geltendmachen des Leistungsanspruchs, frühestens am Monatsersten nach Vollendung des 18. Altersjahres.
Ist der Invaliditätsgrad kleiner als 50%, so werden die Renten nur bei Wohnsitz und gewöhnlichem Aufenthalt in der Schweiz ausgerichtet.
Der Invaliditätsgrad bestimmt, auf welche Rente eine behinderte Person Anspruch hat:

| **Invaliditätsgrad** | **Rentenanspruch** |
|---|---|
| mindestens 40% | Viertelsrente |
| mindestens 50% | halbe Rente |
| mindestens 60% | Dreiviertelsrente |
| mindestens 70% | ganze Rente |

Bei Erwerbstätigen bemisst die IV-Stelle den Invaliditätsgrad nach der Methode des Einkommensvergleichs (Einkommen ohne den Gesundheitsschaden/Einkommen nach dem Gesundheitsschaden).
Bei Nichterwerbstätigen (z.B. Hausfrauen, Studierende) wird darauf abgestellt, in welchem Ausmass sie in ihrem gewöhnlichen Arbeits- oder Aufgabenbereich behindert sind (Betätigungsvergleich).

Bei versicherten Personen, die nur zum Teil erwerbstätig sind wird der Invaliditätsgrad entsprechend der Behinderung in beiden Bereichen bemessen (gemischte Methode).
Damit der Anspruch auf eine ordentliche Rente entsteht, müssen einer Person bei Eintritt des Rentenfalls mindestens drei volle Beitragsjahre angerechnet werden können. Ausländische Staatsangehörige sind nur anspruchsberechtigt, solange sie ihren Wohnsitz in der Schweiz haben und sofern sie bei Eintritt der Invalidität während mindestens drei vollen Jahren Beiträge geleistet oder sich ununterbrochen während zehn Jahren in der Schweiz aufgehalten haben (vorbehalten: Abkommen zwischen der Schweiz und der EU).
In der Schweiz wohnende Personen, die von Geburt an invalid sind oder vor der Vollendung ihres 21. Altersjahres invalid geworden sind, aber keinen Anspruch auf eine ordentliche Invalidenrente haben, erhalten eine ausserordentliche Invalidenrente. Diese Rente beträgt 133 1/3% der ordentlichen Minimalrente.
Der Anspruch auf Invalidenrente erlischt am Ende des Monats, in dem:
- die Invalidität wegfällt;
- der Anspruch auf eine Altersrente oder auf eine höhere Hinterlassenenrente entsteht;
- die berechtigte Person stirbt.

Die Höhe der Invalidenrente berechnet sich aus folgenden Elementen:
- anrechenbare Beitragsjahre und
- Erwerbseinkommen sowie
- Erziehungs- und Betreuungsgutschriften.

*Anrechenbare Beitragsjahre*
Leistungsberechtigte Personen erhalten eine Vollrente (Skala 44), wenn sie ab dem Kalenderjahr, in dem sie das 21. Altersjahr erreicht haben, stets die Versicherungs- oder Beitragspflicht erfüllt haben. Ist dies nicht erfüllt, wird eine Teilrente ausgerichtet (Verhältnis der tatsächlichen Beitragsjahre zur vollständigen Beitragsdauer). Beitragslose Ehe- und Witwenjahre vor dem 31.12.1996 werden wie Beitragsjahre angerechnet.

*Erwerbseinkommen*

Das durchschnittliche Jahreseinkommen setzt sich zusammen aus dem Durchschnitt:

- der Erwerbseinkommen,
- der Erziehungsgutschriften und
- der Betreuungsgutschriften.

*Erziehungsgutschriften/Betreuungsgutschriften*

Für die Berechnung der anrechenbaren Erziehungsgutschriften und/der Betreuungsgutschriften gelten die gleichen Bestimmungen wie bei der AHV.

*Rentenansätze*

Bei voller Beitragsdauer betragen die ordentlichen Vollrenten je nach Durchschnittseinkommen:

Mindestens (Franken pro Monat):

| | 1/1 | 3/4 | 1/2 | 1/4 |
|---|---|---|---|---|
| Invalidenrente: | 1175.– | 881.– | 588.– | 294.– |
| Kinderrente: | 470.– | 353.– | 235.– | 118.– |

Höchstens (Franken pro Monat):

| | 1/1 | 3/4 | 1/2 | 1/4 |
|---|---|---|---|---|
| Invalidenrente: | 2350.– | 1763.– | 1175.– | 588.– |
| Kinderrente: | 940.– | 705.– | 470.– | 235.– |

*Plafonierung der Renten eines Ehepaares*

Unter dem Begriff «Plafonierung» wird die Summe der beiden Einzelrenten eines Ehepaares verstanden. Der Betrag der beiden Einzelrenten darf nicht grösser sein als 150% der Maximalrente. Wird dieser Höchstbetrag überschritten, werden die beiden Einzelrenten proportional gekürzt.

### *3.3.8 Hilflosenentschädigungen der IV*

In der Schweiz wohnende Versicherte können eine Hilflosenentschädigung der IV geltend machen, wenn:

- sie in schwerem, mittelschwerem oder leichtem Grad hilflos sind,

- die Hilflosigkeit ununterbrochen mindestens ein Jahr gedauert hat oder dauernd ist und
- kein Anspruch auf eine Hilflosenentschädigung der obligatorischen Unfall-versicherung oder der Militärversicherung besteht.

Hilflos ist, wer für alltägliche Lebensverrichtungen (Ankleiden, Körperpflege, Essen usw.) dauernd auf die Hilfe Dritter angewiesen ist, dauernder Pflege oder persönlicher Überwachung bedarf.
Die monatliche Hilflosenentschädigung der IV ist unterschiedlich hoch, je nachdem, ob die versicherte Person im Heim oder im eigenen Zuhause wohnt. Sie beträgt pro Monat bei einer Hilflosigkeit:

| | im Heim | zu Hause |
|---|---|---|
| – leichten Grades | Fr. 118.– | Fr. 470.–, |
| – mittleren Grades | Fr. 294.– | Fr. 1175.–, |
| – schweren Grades | Fr. 470.– | Fr. 1880.–. |

Für Minderjährige, die Zuhause wohnen gibt es einen Intensivpflegezuschlag in der Höhe von Fr. 470.- pro Monat bei leichter, Fr. 940.- bei mittlerer oder Fr. 1410.– bei schwerer Hilflosigkeit.
Die IV-Stelle des Wohnkantons entscheidet über den Grad der Hilflosigkeit.

### *3.3.9 Assistenzbeitrag der IV*

Der Assistenzbeitrag der IV ermöglicht es Personen, die eine Hilflosenentschädigung der IV beziehen, die zu Hause leben oder zu Hause leben möchten und auf regelmässige Assistenz angewiesen sind, eine Person einzustellen, die die erforderlichen Hilfeleistungen erbringt. Die angestellte Person darf mit der IV-Rentnerin/dem IV-Rentner nicht in direkter Linie verwandt oder verheiratet sein, noch in eingetragener Partnerschaft leben oder eine faktische Lebensgemeinschaft führen.
Mit dem Assistenzbeitrag der IV soll die Selbstbestimmung und die Eigenverantwortung gefördert werden, damit die betroffene IV-Rentnerin/der betroffene IV-Rentner zu Hause wohnen kann. Der Beitrag richtet sich nach dem für die Assistenz notwendigen Zeitaufwand. Die Ansätze betragen:

- pro Stunde: Fr. 32,90
- pro Stunde für besondere Pflege: Fr. 49,40
- höchstens pro Nacht: Fr. 97,80

Die IV-Rentnerin/der IV-Rentner wird so zum Arbeitgebenden.

## *3.4 Kosten/Beiträge*

### *3.4.1 Arbeitnehmende*

Alle Erwerbstätigen sind ab dem 1. Januar nach Vollendung des 17. Altersjahres beitragspflichtig. Bei geringfügigen Jahreseinkommen unter Fr. 2300.– werden – mit Ausnahme von Hausdienst-Arbeitnehmenden (z.B. privat angestellte Putzfrau) – die AHV-Beiträge nur auf Verlangen der versicherten Person erhoben (diese Ausnahme gilt wiederum nicht, wenn die erwerbstätige Person jünger ist als 25 Jahre und das Jahreseinkommen kleiner ist als Fr. 750.–). Ab Erreichen des ordentlichen Rentenalters gilt ein Freibetrag, auf den keine Beiträge zu entrichten sind.

Der Beitragssatz für die IV beträgt 1,4% des AHV-pflichtigen Lohnes. Der Arbeitgebende und Arbeitnehmer tragen je die Hälfte des Beitrages. Der Arbeitgebende zieht den Beitrag des Arbeitnehmenden vom Lohn ab und überweist ihn zusammen mit seinen Beiträgen an die zuständige AHV-Ausgleichskasse.

### *3.4.2 Selbständigerwerbende*

Alle Erwerbstätigen unterstehen ab dem 1. Januar nach Vollendung des 17. Altersjahres der Beitragspflicht. Ab Erreichen des ordentlichen Rentenalters gilt ein Freibetrag in der Höhe von Fr. 16800.– pro Jahr, auf den keine Beiträge zu entrichten sind.

Der Beitragssatz für IV beträgt 1,4% des AHV-pflichtigen Jahreseinkommens. Liegt das Erwerbseinkommen zwischen Fr. 9400.– und Fr. 56400.–, gelangt ein reduzierter Beitragssatz zur Anwendung.

Der Mindestbeitrag an die AHV/IV/EO (ohne Verwaltungskosten) beträgt Fr. 478.– pro Jahr.

Für Selbständigerwerbende im Nebenerwerb ist erst ein Jahreseinkommen ab Fr. 2300.– beitragspflichtig.

### *3.4.3 Nichterwerbstätige*

Die Beitragspflicht beginnt ab 1. Januar nach Vollendung des 20. Altersjahres. Die Beitragspflicht endet, wenn das ordentliche Rentenalter (Männer = 65; Frauen = 64 Jahre) erreicht ist.

Als Grundlage für die Berechnung der gesamten Beiträge an die IV (die AHV und die EO) dienen das Vermögen und das 20-fache jährliche Renteneinkommen. Die Alters- und Hinterlassenenrenten der AHV werden ebenfalls angerechnet, nicht hingegen die Invalidenrenten der eidgenössischen IV. Das Total aus dieser Berechnung bestimmt den tabellarischen Betrag der Beiträge(der Maximalbetrag entspricht dem 50-fachen Minimalbetrag).

## *3.5 Meldewesen*

Der zuständigen IV-Stelle und je nach Fall der zuständigen AHV-Ausgleichskasse sind alle Ereignisse mitzuteilen, die einen Einfluss auf den Leistungsbezug und je nachdem auf die Versicherungs- und Beitragspflicht haben.

Meldung an die IV-Stelle:

- Änderung der gesundheitlichen Beeinträchtigung;
- Änderung der Hilfsbedürftigkeit bei den täglichen Verrichtungen;
- Aufnahme, Änderung oder Beendigung einer Erwerbstätigkeit.

Meldung an die IV-Stelle und die zuständige AHV-Ausgleichskasse:

- Wohnortwechsel (innerhalb der Schweiz und Wegzug aus der Schweiz);
- Änderung der Zahlungsverbindung (für Sachleistungen, Taggelder, Renten);
- Tod.

Meldung an die zuständige AHV-Ausgleichskasse:

- Heirat, Trennung oder Scheidung;
- Tod des Ehepartners;
- Beginn oder Ende einer Ausbildung von Kindern;
- Tod eines Kindes unter 25 Jahren.

## *3.6 Zahlen zur IV*

| | 1980 | 2000 | 2005 | 2010 | 2012 | 2013 | 2014 |
|---|---|---|---|---|---|---|---|
| **Einnahmen** (in Mio.) | | | | | | | |
| – Versicherte / Arbeitgebende | 1 035 | 3 437 | 3 904 | 4 605 | 4 840 | 4 951 | 5 018 |
| – Bund/Kantone | 1076 | 4359 | 5 781 | 3 476 | 4 780 | 4 804 | 4 867 |
| – übriger Ertrag | 0 | 102 | 138 | 95 | 269 | 137 | 54 |
| Total | 2111 | 7898 | 9 823 | 8 176 | 9 889 | 9 892 | 9 939 |
| **Ausgaben** (in Mio.) | | | | | | | |
| – Sozialleistungen | 1787 | 8393 | 11 058 | 8 450 | 8 341 | 8 354 | 8 431 |
| – übrige Ausgaben | 365 | 315 | 503 | 772 | 954 | 951 | 823 |
| Total | 2 152 | 8 718 | 11 561 | 9 220 | 9 295 | 9 306 | 9 254 |
| IV-Renten | 1980 | 2000 | 2005 | 2010 | 2012 | 2013 | 2014 |
| Anzahl (ganze Renten) | 123 322 | 205 111 | 256 300 | 240 905 | 235 000 | 230 000 | 226 000 |

Quellen: BSV: Schweizerische Sozialversicherungsstatistik, Sozialversicherungen 2014, IV-Statistik

Abgesehen von Überschüssen in den Jahren 1997 und 2004 wuchsen die Ausgaben der IV stets deutlich stärker als die Gesamtleistungen der Sozialversicherungen. Im Rahmen der 4. IV-Revision (1.1.2004) wurde die Zusatzrente für Ehepaare aufgehoben (Neurenten). Bestehende Zusatzrenten wurden weitergeführt (Besitzstand).
Mit dem Inkrafttreten der 5. IV-Revision wurden alle Zusatzrenten für Ehegatten per 1.1.2008 aufgehoben. Die IVG-Revision Teil 6a brachte eine Wende in der Invalidenversicherung nach dem Grundsatz «Eingliederung vor Rente» mit erweiterten Leistungen bei der Wiedereingliederung von invaliden Personen. Seit 2012 können die Schulden reduziert werden (Ende 2014: Fr. 12,8 Mia.).

# 4. Ergänzungsleistungen zur AHV und zur IV (EL)

## *4.1 Anspruchsberechtigte Personen*

Ergänzungsleistungen können Personen erhalten:
die:

- einen Anspruch auf eine Rente der AHV (auch bei Vorbezug der Altersrente),
- einen Anspruch auf eine Rente der IV (ganze, Dreiviertels-, halbe oder Viertelsrente), oder
- nach Vollendung des 18 Altersjahres eine Hilflosenentschädigung der IV haben, oder
- während mindestens 6 Monaten ein Taggeld der IV erhalten;
- die in der Schweiz Wohnsitz und tatsächlichen Aufenthalt haben und
- die Bürgerinnen oder Bürger der Schweiz sind.

Ergänzungsleistungen können Ausländerinnen und Ausländer erhalten, die seit mindestens 10 Jahren ununterbrochen in der Schweiz leben (Karenzfrist). Bürgerinnen und Bürger eines EU- oder EFTA-Mitgliedstaates müssen in der Regel keine Karenzfrist erfüllen.
Für Flüchtlinge oder Staatenlose beträgt die Karenzfrist 5 Jahre.
Unter gewissen Voraussetzungen besteht auch Anspruch auf Ergänzungsleistungen zur AHV/IV, wenn kein Anspruch auf schweizerische AHV- oder IV-Renten besteht.

*Anmeldung*

Der Anspruch auf Ergänzungsleistungen ist bei der AHV-Zweigstelle der Wohngemeinde geltend zu machen.

*Beginn/Ende*

Der Anspruch besteht erstmals für den Monat, in dem die Anmeldung eingereicht worden ist und die Voraussetzungen erfüllt werden. In bestimmten Fällen kann eine rückwirkende Anmeldung greifen. Der Anspruch verfällt auf Ende des Monats, in dem eine der Voraussetzungen nicht mehr erfüllt wird.

### 4.2. *Leistungen*

Bei der Berechnung der Ergänzungsleistung wird unterschieden zwischen einer anspruchsberechtigten Person, die Zuhause oder in einem Heim lebt. Bei verheirateten Paaren erfolgt eine getrennte Berechnung, wenn ein Ehepartner im Heim und der andere Zuhause lebt.

#### *4.2.1 Zu Hause lebend*

Die jährlichen Ergänzungsleistungen entsprechen der Differenz zwischen den anerkannten Ausgaben und den anrechenbaren Einnahmen. Folgende Ausgaben (pro Jahr) werden anerkannt:

- Beiträge an die AHV/IV/EO,
- Allgemeiner Lebensbedarf:
  - für Alleinstehende: Fr. 19290.–,
  - für Ehepaare: Fr. 28935.–,
  - für die ersten 2 Kinder je: Fr. 10080.–,
  - für 2 weitere Kinder je: Fr. 6720.–,
  - für jedes weitere Kind: Fr. 3360.–.
- Mietzins:
  - Alleinstehende: maximal Fr. 13200.–,
  - Ehepaar: maximal Fr. 15000.–.

  bei Personen, die im selbst bewohnten Eigentum wohnen, wird als Mietzins der Eigenmietwert angerechnet. Ebenso werden die Kosten für Unterhalt von Gebäuden und Hypothekarzins bis zur Höhe des Bruttoertrags der Liegenschaft angerechnet.

  Falls eine rollstuhlgängige Wohnung notwendig ist, erhöht sich der Höchstbetrag um Fr. 3600.–.
- Pauschalbetrag für die obligatorische Krankenversicherung (KVG die Höhe des Pauschalbetrags wird jedes Jahr vom Bundesrat neu festgelegt),
- geleistete familienrechtliche Unterhaltsbeiträge, z.B. Alimente.

*Als Einkommen angerechnet werden:*

- Renten der AHV und IV,
- Renten der Pensionskasse (berufliche Vorsorge),
- Renten der Militär oder Unfallversicherung,
- Renten von ausländischen Sozialversicherungen,

- Ersatzeinkünfte wie Taggelder der Kranken-, der Invaliden-, der Arbeitslosen- oder der Unfallversicherung,
- Erwerbseinkommen bei Bezügern eines IV-Taggeldes,
- familienrechtliche Unterhaltsbeiträge wie Alimente,
- Einkünfte aus Vermögen wie Zinsen, Miete, Untermiete, Pacht oder-Nutzniessung,
- Eigenmietwert der Wohnung,
- Einkünfte und Vermögenswerte, auf die verzichtet wurde,
- ein Teil des Vermögens (Verzehr), das bei Alleinstehenden Fr. 37 500.–, bei Ehepaaren Fr. 60 000.– und bei Kindern (mit Kinder-/Waisenrenten) Fr. 15 000.– übersteigt. Bei selbst bewohnten Liegenschaften gilt ein Freibetrag von Fr. 112 500.–, der sich auf Fr. 300 000.– erhöht, wenn ein Ehepartner im Heim lebt und der andere im Wohneigentum oder wenn eine im eigenen Wohneigentum lebende Person eine Hilflosenentschädigung bezieht.
  *Der anrechenbare Teil beträgt:*
  - bei Invalidenrenten: 1/15,
  - bei Hinterlassenenrenten: 1/15,
  - bei Altersrenten: 1/10.
- Ein Einkommen wird teilweise als Erwerbseinkommen angerechnet. Von Erwerbseinkommen werden die Berufsauslagen, die Sozialversicherungsbeiträge und einen Freibetrag von Fr. 1000.– (Alleinstehende), resp. Fr. 1500.– (Ehepaare) abgezogen. Vom Restbetrag werden zwei Drittel als Einkommen angerechnet. Wenn keine Erwerbstätigkeit ausgeübt wird, obwohl eine ausgeübt werden könnte, wird ein hypothetisches Einkommen angerechnet.

Wenn sich das Einkommen oder Vermögen wesentlich verringert oder erhöht, wird die Ergänzungsleistung auch im Verlauf eines Kalenderjahres angepasst (vgl. Meldepflichten/Mutationen).

*Nicht als Einkommen angerechnet werden:*
- Verwandtenunterstützungen,
- öffentliche und private Leistungen der Fürsorge und Sozialhilfe,
- Hilflosenentschädigungen der AHV und der IV,
- Stipendien und andere Unterstützungsbeiträge für die Ausbildung.

### *4.2.2 Im Heim lebend*

Die jährlichen Ergänzungsleistungen entsprechen wiederum der Differenz zwischen den anerkannten Ausgaben und den anrechenbaren Einnahmen.

Folgende Ausgaben (pro Jahr) werden anerkannt:

- Beiträge an die AHV/IV/EO,
- Wohneigentum: Kosten für Unterhalt von Gebäuden und Hypothekarzins bis zur Höhe des Bruttoertrags der Liegenschaft,
- Tagestaxe des Heimes,
- Betrag für persönliche Auslagen (Kauf von Kleidern, Produkte für Körperhygiene, Zeitungen etc.),
- Pauschalbetrag für die obligatorische Krankenversicherung (KVG: die Höhe wird jedes Jahr vom Bundesrat neu festgelegt),
- Patientenbeteiligung aus der Pflegefinanzierung,
- geleistete familienrechtliche Unterhaltsbeiträge, z.B. Alimente.

*Als Einkommen angerechnet werden:*

- Renten der AHV und IV,
- Renten der Pensionskasse (berufliche Vorsorge),
- Renten der Militär- oder Unfallversicherung,
- Renten von ausländischen Sozialversicherungen,
- Hilflosenentschädigungen der AHV und der IV, wenn in der Tagestaxe des Heims oder Spitals auch die Kosten für die Pflege einer hilflosen Person enthalten sind (Art. 15b ELV),
- Ersatzeinkünfte wie Taggelder der Kranken-, der Invaliden-, der Arbeitslosen- oder der Unfallversicherung sowie Beiträge an die Heimkosten,
- Erwerbseinkommen bei Bezügern eines IV-Taggeldes,
- familienrechtliche Unterhaltsbeiträge wie Alimente,
- Einkünfte aus Vermögen wie Zinsen, Miete, Untermiete, Pacht oder Nutzniessung,
- Eigenmietwert der Wohnung,
- Einkünfte und Vermögenswerte, auf die verzichtet wurde,

- ein Teil des Vermögens (Verzehr), das bei Alleinstehenden Fr. 37 500.–, bei Ehepaaren Fr. 60 000.– und bei Kindern (mit Kinder-/Waisenrenten) Fr. 15 000.– übersteigt. Bei selbst bewohnten Liegenschaften gilt ein Freibetrag von Fr. 112 500.–, der sich auf Fr. 300 000.– erhöht, wenn ein Ehepartner im Heim lebt und der andere im Wohneigentum oder wenn eine im eigenen Wohneigetum lebende Person eine Hilflosenentschädigung bezieht.
  Der anrechenbare Teil beträgt:
  - bei Invalidenrenten: 1/15,
  - bei Hinterlassenenrenten: 1/15,
  - bei Altersrenten: 1/10.

  Für in Heimen oder Spitälern lebende Personen können die Kantone den Vermögensverzehr auf höchstens einen Fünftel erhöhen (wird in fast allen Kantonen angewendet, Ausnahmen: AG, BL, VS).
- Ein Einkommen wird teilweise als Erwerbseinkommen angerechnet. Von Erwerbseinkommen werden die Berufsauslagen, die Sozialversicherungsbeiträge und einen Freibetrag von Fr. 1000.– (Alleinstehende), resp. Fr. 1500.– (Ehepaare) abgezogen. Vom Restbetrag wer-den zwei Drittel als Einkommen angerechnet. Wenn keine Erwerbstätigkeit ausgeübt wird, obwohl eine ausgeübt werden könnte, wird ein hypothetisches Einkommen angerechnet.

Wenn sich das Einkommen oder Vermögen wesentlich verringert oder erhöht, wird die Ergänzungsleistung auch im Verlauf eines Kalenderjahres angepasst (vgl. Melde-wesen).

*Nicht als Einkommen angerechnet werden:*
- Verwandtenunterstützungen,
- öffentliche und private Leistungen der Fürsorge und Sozialhilfe,
- Stipendien und andere Unterstützungsbeiträge für die Ausbildung.
  Seit der Einführung des neuen Finanzausgleichs «NFA» (zwischen dem Bund und den Kantonen) ist der Betrag der Ergänzungsleistung nicht mehr nach oben begrenzt (ausser durch die zu genehmigenden kantonalen Heimtaxen).

### *4.2.3 Krankheits- und Behinderungskosten*

Die Kosten können nur dann vergütet werden, wenn sie nicht bereits durch eine Versicherung (Kranken-, Unfall-, Haftpflicht- oder Invalidenversicherung) gedeckt sind. Die Kostenrückerstattung gilt nur für Massnahmen in der Schweiz.

Zusätzlich zu den jährlichen Ergänzungsleistungen können folgende Kosten rückerstattet werden:

- Zahnbehandlung
  Die Kosten für eine Zahnbehandlung werden nur rückerstattet, wenn es sich um eine einfache, zweckmässige und wirtschaftliche Behandlung handelt.
  Wenn eine Zahnbehandlung mehr als Fr. 3000.– kosten wird, muss vor der Behandlung bei der EL-Durchführungsstelle ein detaillierter Kostenvoranschlag (nach UVG/MV/IV-Tarif) eingereicht werden;
- Beteiligung an den Kosten der Krankenversicherung (Selbstbehalt und Franchise) bis zum Betrag von Fr. 1000.– im Jahr;
- Hilfe, Pflege und Betreuung zu Hause oder in Tagesstätten Leisten Personen Hilfe oder Betreuung, die nicht im gleichen Haushalt leben (z.B. Nachbarn), so können Kosten bis zur Höhe von höchstens Fr. 25.– pro Stunde und maximal Fr. 4800.– im Jahr rückerstattet werden, wenn mit einem ärztlichen Attest bestätigt wird, dass die hauswirtschaftlichen Leistungen nicht selbst erbracht werden können.
  Unter gewissen Bedingungen können die Kosten für direkt angestelltes Pflegepersonal (Achtung: Beitragspflicht an die AHV/IV/EO/ALV/FamZ und UVG-Prämien sowie evtl. Kosten der beruflichen Vorsorge) berücksichtigt werden;
- Transport zum nächstgelegenen medizinischen Behandlungsort (Kilometerentschädigung, gemäss Abrechnung);
- Kosten für Pflegehilfsmittel, wie Miete eines elektrischen Pflegebettes;
- Mehrkosten für eine lebensnotwendige Diät;
- Bei Zuhause lebenden Personen, der Betrag der Patientenbeteiligung aus der Pflegefinanzierung (bei im Heim lebenden Personen ist der Betrag der Patientenbeteiligung Bestandteil der anerkannten Ausgaben),

- ärztlich verordnete Badekuren und Aufenthalte zur Genesung und Erholung (Rekonvalenszenz), wobei ein Beitrag für Verpflegung abzuziehen ist.

Die Rückvergütung der Kosten muss innert 15 Monaten seit der Rechnungsstellung beantragt werden. Die Krankheits- und Behinderungskosten sowie die Kosten für Hilfsmittel können nur für jenes Jahr vergütet werden, in dem die Behandlung oder der Kauf stattgefunden hat.

Pro Jahr können für Krankheits- und Behinderungskosten zusätzlich zu den Ergänzungsleistungen höchstens folgende Beträge vergütet werden:
- Alleinstehende: Fr. 25 000.–,
- Ehepaare: Fr. 50 000.–,
- Heimbewohner: Fr. 6 000.–.

Für zu Hause wohnende Personen mit einem Anspruch auf eine Hilflosenentschädigung der IV oder der Unfallversicherung erhöht sich der Betrag auf Fr. 90 000.– bei schwerer, resp. auf Fr. 60 000.– bei mittelschwerer Hilflosigkeit, soweit die Kosten für Pflege und Betreuung durch die Hilflosenentschädigung nicht gedeckt sind.

*4.2.4 Radio- und TV-Gebühren*

Bezügerinnen und Bezüger von Ergänzungsleistungen zur AHV und IV sind von der Gebührenpflicht für Radio und TV befreit. Der Billag AG, Postfach, 1701 Fribourg, ist eine Verfügung über die Ergänzungsleistung zur AHV und IV einzureichen.

### 4.3 *Meldewesen*

Der zuständigen EL-Durchführungsstelle (in der Regel die kantonale AHV-Ausgleichskasse) sind unverzüglich alle Ereignisse mitzuteilen, die einen Einfluss auf den Leistungsbezug und die Entschädigungshöhe haben:

- Änderungen der Einkommens- und Vermögenssituation;
- Wohnortwechsel
  (innerhalb der Schweiz und Wegzug aus der Schweiz);
- Heirat, Trennung oder Scheidung;
- Tod;
- Tod des Ehepartners;
- Beginn oder Ende einer Ausbildung von Kindern;
- Tod eines Kindes in Ausbildung unter 25 Jahren;
- Aufnahme, Änderung oder Beendigung einer Erwerbstätigkeit.
- Änderung der Zahlungsverbindung;
- Änderung der Pflegestufe (Heimbewohner);
- Belege über Krankheits- und Behinderungskosten

### 4.4 *Zahlen zu den Ergänzungsleistungen zur AHV/IV:*

| | 1980 | 2000 | 2005 | 2010 | 2012 | 2013 | 2014 |
|---|---|---|---|---|---|---|---|
| **Ausgaben** (in Mio.) | | | | | | | |
| AHV | 343 | 1441 | 1695 | 2324 | 2525 | 2605 | 2712 |
| IV | 72 | 847 | 1286 | 1751 | 1911 | 1923 | 1967 |
| Total | 415 | 2288 | 2981 | 4075 | 4436 | 4528 | 4679 |
| **Leistungsbezüger** (in 1000) | | | | | | | |
| EL zur AHV | 96.1 | 140.8 | 152.5 | 171.5 | 185.0 | 189.3 | 196.5 |
| EL zur IV | 18.9 | 61.8 | 92.0 | 105.6 | 110.2 | 111.4 | 112.9 |
| Total | 115.0 | 202.7 | 244.5 | 277.1 | 295.2 | 300.7 | 309.4 |

Quellen: BSV: Schweizerische Sozialversicherungsstatistik, Sozialversicherungen 2014

Die Ergänzungsleistungen werden vollständig mit Mitteln der öffentlichen Hand finanziert. Der Bund beteiligt sich an den Kosten zu fünf Achteln, allerdings nur aufgrund einer so genannten Ausscheidungsrechnung, bei der alle EL-Beziehenden so berechnet werden, wie wenn sie Zuhause wohnen würden. Die Kantone tragen die gesamten Restkosten (das heisst auch die gesamten Krankheits- und Behinderungskosten). Bei den Ergänzungsleistungen zur AHV und IV ist eine ähnliche Entwicklung festzustellen wie bei der IV: steigende Ausgaben und steigende Anzahl von Leistungsbezügerinnen und -bezüger. Dies ist bei der Zahl der Bezügerinnen und Bezüger von Ergänzungsleistungen mit IV-Renten markant der Fall. Auffallend ist zudem die Kostensteigerung bei EL-Beziehenden, die in einem Heim wohnen.

## 5. Unfallversicherung (UV)

Das Bundesgesetz über die obligatorische Unfallversicherung (UVG) ist für Arbeitnehmende obligatorisch. Über die Bestimmungen des UVG hinaus können Zusatzversicherungen abgeschlossen werden.
Alle nicht dem UVG unterstellte Personen (Selbständigerwerbende [siehe 5.1.2] und Nichterwerbstätige) müssen, respektive können sich privat versichern. Zu beachten ist, dass im Rahmen der obligatorischen Krankenversicherung bei einem Unfall nur die Heilungskosten mitversichert sind (siehe Ausführungen zur Krankenversicherung).
Zur obligatorischen Unfallversicherung gehört auch die Aufsicht über die Arbeitssicherheit, das heisst, die Verhütung von Berufsunfällen und Berufskrankheiten. Diese Arbeiten werden in der Regel vom kantonalen Arbeitsinspektorat wahrgenommen.

### 5.1 Versicherte Personen

#### 5.1.1 Obligatorische Versicherung

Obligatorisch versichert sind alle in der Schweiz beschäftigten Arbeitnehmenden gegen Unfälle und Berufskrankheiten. Als Arbeitnehmender gilt, wer für einen Arbeitgebenden und nach dessen Anweisungen tätig ist und zwar gegen Lohn oder zu Ausbildungszwecken und ohne eigenes wirtschaftliches Risiko. Gelegentliche Handreichungen und spontane Hilfestellungen gelten nicht als Arbeitnehmertätigkeit.

Die Versicherung gilt weltweit und bleibt wirksam, wenn ein Arbeitnehmender beruflich oder privat ins Ausland (sofern eine Nichtberufsunfalldeckung vorliegt: mindestens 8 Arbeitsstunden pro Woche) geht.
Die Versicherung beginnt gemäss arbeitsvertraglichem Arbeitsbeginn, beziehungsweise mit Entstehung des erstmaligen Lohnanspruchs (gültiger Arbeitsvertrag).
Sie endet am dreissigsten Tag nach dem Tag, an dem der Anspruch auf mindestens den halben (für die AHV massgebenden Lohn) aufhört. Für Teilzeitbeschäftigte (mit weniger als 8 Wochenstunden), bei denen keine Versicherung gegen Nichtberufsunfälle besteht, endet die Versicherung nach Arbeitsschluss, sobald der Arbeitsweg zurückgelegt ist.

#### *5.1.2 Freiwillige Versicherung*
Freiwillig versichern können sich der Arbeitgebende, Selbständigerwerbende und mitarbeitende Familienangehörige.

### ***5.2 Versicherter Verdienst***
Bei der obligatorischen Unfallversicherung wird unterschieden zwischen dem prämienpflichtigen Verdienst und dem massgebenden Verdienst für die Geldleistungen. Der Höchstlohn des versicherten Verdienstes beträgt Fr. 148 200.–.

#### *5.2.1 Prämienpflichtiger Verdienst*
Der prämienpflichtige Verdienst richtet sich im Wesentlichen nach den Bestimmungen der AHV, wobei Einkommensteile über dem Höchstbetrag (vgl. 5.7) nicht prämienpflichtig sind.

#### *5.2.2 Massgebender Verdienst für die Geldleistungen*
Bei der Bestimmung des massgebenden Verdienstes gelten im Vergleich zur AHV folgende Abweichungen:
- es gibt keinen Freibetrag für Altersrentner;
- Kinder-, Ausbildungs- und Haushaltszulagen im orts- oder branchen üblichen Rahmen werden zum versicherten Verdienst hinzugerechnet;
- es gilt ein mindestens orts- und berufsüblicher Lohn bei mitarbeiten den Familienmitgliedern, Gesellschaftern, Aktionären und Genossenschaftern;

- Entschädigungen bei Auflösung des Arbeitsverhältnisses, bei Betriebsschliessung oder ähnlichen Gelegenheiten werden nicht zugerechnet.

Arbeitgebende, die nur Arbeitnehmende beschäftigen, deren Jahreseinkommen kleiner ist als Fr. 2300.–, schulden die Ersatzprämie für höchstens fünf Jahre nur bei einem versicherten Unfall. Beschäftigt er auch Arbeitnehmende mit einem höheren Jahreseinkommen, sind dem UVG-Versicherer alle Einkommen prämienpflichtig. Im Privathaushalt beschäftigte Arbeitnehmende unterstehen für das ganze Jahreseinkommen der Prämienpflicht (keine Untergrenze).

Bei bestimmten Sonderfällen werden für die Berechnung des massgebenden Verdienstes abweichende Regelungen angewendet. Dies gilt für:
- versicherte Person, die wegen Militär-, Zivil-, Zivilschutzdienst, Unfall, Krankheit, Mutterschaft oder Kurzarbeit keinen oder einen reduzierten Lohn beziehen;
- Versicherte, die unregelmässig beschäftigt sind;
- saisonal beschäftigte Versicherte;
- Versicherte, die vor dem Unfall bei mehr als einem Arbeitsgebenden tätig waren;
- Versicherte, die nicht/noch nicht den berufsüblichen Lohn erhalten (Praktikanten, Volontären und zur Abklärung der Berufswahl tätigen Personen sowie bei Versicherten, die zur Ausbildung in beruflichen Eingliederungsstätten für Behinderte tätig sind).

## *5.3 Leistungen*

### *5.3.1 Heilbehandlung*

Die Kosten der medizinischen Behandlung (inklusive Untersuchungen und Medikamente) werden, soweit sie zweckmässig ist, zeitlich unbeschränkt übernommen (freie Wahl von Arzt, Zahnarzt, Chiropraktor, Apotheke, Spital [allgemeine Abteilung für Behandlung, Verpflegung und Unterkunft], Leistungen des medizinischen Hilfpersonals auf ärztliche Anordnung, ärztlich verordnete Nach- und Badekuren). Die Kosten notwendiger Heilbehandlung im Ausland werden bis zum doppelten

Betrag jener Kosten vergütet, die bei einer Behandlung in der Schweiz entstanden wären.
Solange nicht feststeht, ob die obligatorische Unfallversicherung die Leistungen ausrichten kann, haben die Krankenversicherer vorgängig die bei ihnen versicherten Leistungen zu erbringen.
Bei Behandlung in einem EU-Staat sowie in einem Land, mit dem die Schweiz ein Abkommen über soziale Sicherheit abgeschlossen hat, hat die versicherte Person Anspruch auf Kostenvergütungen nach dem dort für die Sozialversicherung geltenden Tarif. In allen anderen Ländern werden die Kosten bis zum doppelten Betrag vergütet, welcher bei einer Behandlung in der Schweiz bezahlt würde.

#### *5.3.2 Kostenvergütungen*

Vergütet werden die Kosten von Rettungs- und Bergungsmassnahmen sowie medizinisch notwendige Reisen und Transporte der verunfallten Person. Ebenso vergütet werden Kosten für Hilfsmittel, bei gewissen Sachschäden sowie für Bestattungen.
Ist die Hauspflege möglich und notwendig, gewährt der Unfallversicherer einen Kostenbeitrag, wenn die Pflege durch zugelassenes Personal oder Hauskrankenpflege durchgeführt wird.

#### *5.3.3 Geldleistungen*

Folgende Geldleistungen sind versichert:

- *Taggeld*

  Das Taggeld beträgt 80% des massgebenden Verdienstes bei voller Arbeitsunfähigkeit, bei teilweiser Arbeitsunfähigkeit entsprechend weniger. Das Taggeld berechnet sich aus dem massgebenden Jahresverdienst, dividiert mit 365 Tagen, multipliziert mit 80 Prozent.
  Der Taggeldanspruch entsteht am 3. Tag nach dem Unfalltag und erlischt mit Eintritt der vollen Arbeitsfähigkeit, mit dem Beginn einer Invalidenrente oder mit dem Tod der verunfallten Person. Solange Anspruch auf ein Taggeld der Invalidenversicherung besteht, wird kein Taggeld der Unfallversicherung ausbezahlt.

- *Invalidenrente*
  Die Invalidenrente entspricht bei Vollinvalidität ebenfalls 80% des massgebenden Verdienstes, bei Teilinvalidität (ab 10%) wird entsprechend gekürzt.
  Der Rentenanspruch entsteht, wenn von einer ärztlichen Behandlung keine namhafte Besserung des Gesundheitszustandes erwartet werden darf, und wenn allfällige Eingliederungsmassnahmen der IV abgeschlossen sind. Die Rente wird für den Monat, in welchem der Anspruch entsteht, voll ausbezahlt.
- *Hilflosenentschädigung*
  Eine Hilflosenentschädigung wird gewährt, wenn für die täglichen Lebensverrichtungen dauernd die Hilfe Dritter oder die persönliche Überwachung beansprucht wird.
- *Hinterlassenenrenten*
  Die Hinterlassenenrenten betragen in Prozenten des massgeblichen Verdienstes für:
  - Witwen und Witwer: 40%,
  - Halbwaisen: 15%,
  - Vollwaisen: 25%,
  - zusammen höchstens: 70%.

Geschiedene Ehegatten erhalten den geschuldeten Unterhaltsbeitrag, höchstens 20%.

Machen die Renten aller Hinterlassenen zusammen mehr als 70% aus (oder zusammen mit der Rente für den geschiedenen Ehepartner mehr als 90%), werden die Renten anteilsmässig reduziert.

Bei gleichzeitigem Anspruch auf eine Rente der AHV oder IV wird aus der Unfallversicherung eine Komplementärrente in der Höhe von 90% des massgebenden Verdienstes ausgerichtet (unter Anrechnung der anderen Leistungen). Bei Erreichen des ordentlichen Rentenalters werden die lebenslänglich ausgerichteten Invalidenrenten je nach Alter im Zeitpunkt des Unfallereignisses gekürzt.

Witwenabfindung:

Wenn der Witwe oder der überlebenden geschiedenen Ehefrau keine Rente zusteht, wird eine einmalige Abfindung ausgerichtet, die von der Dauer der Ehe abhängig ist.

Besondere Sachverhalte:
Hat eine Witwe anstelle der Hinterlassenenrente eine Abfindung erhalten, weil damals die Voraussetzungen für einen Rentenanspruch nicht erfüllt waren (Kinderlosigkeit, Alter usw.), entsteht trotzdem ein Rentenanspruch, wenn die Witwe innert zwei Jahren nach dem Tod des Ehegatten zu mindestens zwei Dritteln invalid wird.
Ist der Rentenanspruch des überlebenden Ehegatten wegen Wiederverheiratung erloschen, lebt der Anspruch wieder auf, wenn die neue Ehe nach weniger als zehn Jahren geschieden oder für ungültig erklärt wird.
Beim Tod des zweiten Elternteils einer rentenberechtigten Halbwaisen wird die Rente im Monat nach diesem Tod auf eine Vollwaisenrente erhöht.

*Kürzung oder Verweigerung der Versicherungsleistungen bei Selbstverschulden sowie bei aussergewöhnlichen Gefahren und Wagnissen.*
Eine versicherte Person, die ihren Unfall absichtlich herbeiführt, hat keinen Anspruch auf Versicherungsleistungen (Ausnahme: Person war unfähig, vernunftgemäss zu handeln). Bei grobfährlässiger Herbeiführung des Unfalls werden in der Nichtberufsunfallversicherung die Taggelder während längstens zwei Jahren gekürzt. Bei einem Unfall als Folge eines leicht fahrlässigen Handelns erfolgt keine Kürzung.
Ist die versicherte Person bei der Ausübung eines Verbrechens oder Vergehens verunfallt, werden die Berufs-, wie auch die Nichtberufsunfallleistungen gekürzt oder in besonders schweren Fällen verweigert.
Aussergewöhnliche Gefahren und Wagnisse sind Risiken, die das im normalen täglichen Leben gewohnte Mass deutlich übersteigen (zum Beispiel Motocrossrennen, Tauchen in einer Tiefe von mehr als 40 Metern, Extremklettern). In der Nichtberufsunfallversicherung führt dies zur Verweigerung der Versicherungsleistungen oder zur Kürzung der Geldleistungen.

### *5.4 Prämien*

Die Prämien für die obligatorische Berufsunfallversicherung (inklusive Berufskrankheiten) sowie die Kosten für von Arbeitgebenden zu treffenden Massnahmen zur Wahrung der Arbeitssicherheit trägt der Arbeitgebende. Die Prämien für die obligatorische Nichtberufsunfallversiche-

rung trägt der Arbeitnehmende, wobei günstigere Abreden zu Gunsten der Arbeitnehmenden zulässig sind. Der Arbeitgebende schuldet den gesamten Prämienbetrag.
Die Prämien in der freiwilligen (Privat-)Versicherung gehen zu Lasten der versicherten Personen.

### *5.5 Meldewesen*

Der Meldefluss von allen aktiven, versicherten Arbeitnehmenden an den Unfallversicherer erfolgt durch den Arbeitgebenden. Selbständigerwerbende sowie Personen, die sich freiwillig weiter versichert haben (z.B. Weiterführung während maximal 180 Tagen als Abredeversicherung), teilen Änderungen und Leistungsansprüche direkt dem Unfallversicherer mit.

Verunfallte arbeitslose Personen (mit Anspruch auf Taggelder der Arbeitslosenversicherung) oder ihre Angehörigen melden den Unfall dem zuständigen regionalen Arbeitsvermittlungszentrum (RAV).
Personen, die Leistungen des Unfallversicherers beziehen, melden Änderungen direkt dem Unfallversicherer, so zum Beispiel:

- Änderung der Zahladresse;
- Änderung der Wohnadresse;
- Geburt eines Kindes;
- Beginn oder Ende einer Ausbildung von Kindern;
- Tod eines Kindes in Ausbildung unter 25 Jahren.

Angehörige melden den Tod einer Rentnerin oder eines Rentners direkt dem Unfallversicherer.

## *5.6 Zahlen zur Unfallversicherung*

| | 1985 | 2000 | 2005 | 2010 | 2011 | 2012 | 2013 |
|---|---|---|---|---|---|---|---|
| **Einnahmen** (in Mio.) | | | | | | | |
| Prämien | 2444 | 4671 | 5839 | 6303 | 6343 | 6117 | 6082 |
| Kapitalertrag | 405 | 1036 | 980 | 1184 | 1198 | 1164 | 1244 |
| übrige Einnahmen | 216 | 284 | 460 | 376 | 339 | 318 | 303 |
| Total | 3065 | 5992 | 7279 | 7863 | 7880 | 7‘99 | 7629 |
| **Leistungsbezüger Invalidenrenten** (in 1000) | | | | | | | |
| Berufsunfälle | | 43.3 | 44.2 | 42.7 | 42.4 | 41.8 | 41.3 |
| Nicht-Berufsunfälle | | 36.4 | 39.9 | 41.3 | 41.3 | 41.1 | 40.8 |
| UVG-ALV | | 0.91 | 1.41 | 1.46 | 1.51 | 1.57 | |

Quellen: BSV: Schweizerische Sozialversicherungsstatistik, Sozialversicherungen 2014

## *5.7 UVG-Grenzlohn seit Inkrafttreten des Bundesgesetzes*

Jahr Grenzlohn
1984 Fr. 69 600.–
1987 Fr. 81 600.–
1991 Fr. 97 200.–
2000 Fr. 106 800.–
2008 Fr. 126 000.–
2016 Fr. 148 200.–

Die Höhe des UVG-Höchstlohns hat einen direkten Bezug zum IV-Taggeld und zur Arbeitslosenversicherung.

# 6. *Krankenversicherung (KV)*

## 6.1 *Versicherte Personen*

### 6.1.1 *Obligatorium*

Grundsätzlich gilt, dass alle Personen – unabhängig von ihrer Staatszugehörigkeit – mit zivilrechtlichem Wohnsitz in der Schweiz eine Krankenversicherung abschliessen müssen. Dies gilt auch für Ausländer mit Niederlassungs- oder Aufenthaltsbewilligung und Asylbewerber, gegenüber denen eine vorläufige Aufnahme verfügt wurde. EU-/EFTA-Bürger, die in einem EU- oder EFTA-Staat wohnen, aber in der Schweiz erwerbstätig sind, unterstehen der obligatorischen Krankenversicherung. Mit diversen Staaten bestehen aber Ausnahmeregelungen, nach denen die betroffene Person (betrifft vor allem Grenzgänger) ein Wahlrecht hat (Unterstellung im Wohnortstaat oder im Erwerbsortstaat).
Jede versicherungspflichtige Person muss innert dreier Monaten nach der Wohnsitznahme in der Schweiz eine Krankenversicherung abschliessen. Der Kanton sorgt für die Einhaltung der Versicherungspflicht. Kommt eine Person dieser Versicherungspflicht nicht rechtzeitig nach, weist die vom Kanton bestimmte Behörde die Person einem Krankenversicherer zu. Für Minderjährige muss der gesetzliche Vertreter eine Krankenversicherung abschliessen.
Der Bundesrat kann bestimmte Personen, die in der Schweiz Wohnsitz haben, von der Versicherungspflicht ausnehmen. Er kann bestimmte Personen ohne Wohnsitz in der Schweiz für versicherungspflichtig erklären. Die Verordnung sieht folgende Ausnahmen vor:

- Nicht versicherungspflichtig sind Personen mit Vorrechten nach internationalem Recht (Mitglieder von ausländischen Botschaften, Konsulaten sowie Beamte von internationalen Organisationen und deren in der Schweiz wohnhaften Familienangehörige). Diese Personen kön-nen sich auf Gesuch hin der Krankenversicherung anschliessen.
- Ebenfalls nicht unterstellt sind aktive und pensionierte Bundesbedienstete, welche der Militärversicherung unterstellt sind. Scheiden sie aus der Militärversicherung aus, werden sie versicherungspflichtig.

Auf Gesuch hin können sich Personen, welche im Ausland obligatorisch krankenversichert sind, von der Versicherungspflicht entbinden lassen.

Die Versicherung gilt auch im Ausland, wenn es sich um einen Notfall bei einem vorübergehenden Auslandaufenthalt handelt, wenn Arbeitnehmende und ihre Familienangehörigen von ihrem Arbeitgebenden befristet ins Ausland entsandt werden und wenn sich Personen zu Studienzwecken im Ausland aufhalten.

### *6.1.2 Beginn und Ende der Versicherung*

Die Versicherungsunterstellung beginnt innert 3 Monaten nach der Wohnsitznahme oder Geburt in der Schweiz. Ausländer müssen sich innert 3 Monaten nach der fremdenpolizeilichen Anmeldung versichern. Grenzgänger müssen innert einer bestimmten Frist nach der Erteilung der Grenzgängerbewilligung ihr Gesuch um Unterstellung unter die schweizerische Versicherung stellen. Bei Genehmigung beginnt die Versicherung ab Beitritt zur Versicherung (nicht rückwirkend). Grenzgänger aus Frankreich oder Deutschland haben ein Wahlrecht.

Hat eine Person die Frist von 3 Monaten verpasst (verspäteter Beitritt), so beginnt die Versicherung erst im Zeitpunkt des effektiven Beitritts. Ist die Verspätung nicht entschuldbar, so muss der Versicherer von der verspätet beigetretenen Person einen Prämienzuschlag verlangen. Die Höhe des Zuschlags wird im Einzelfall im Rahmen der Richtsätze der Verordnung bestimmt.

Die Versicherung endet für Schweizer und Ausländer:

- mit dem Tod der versicherten Person;
- mit deren Wegzug ins Ausland, und zwar entweder mit der Abmeldung bei der Einwohnerkontrolle oder mit der tatsächlichen Aufgabe des Wohnsitzes in der Schweiz.

Bei Grenzgängern endet die Versicherung mit der Aufgabe der Erwerbstätigkeit in der Schweiz, mit dem Ablauf oder Widerruf der Grenzgängerbewilligung, mit dem Tod oder mit dem Verzicht auf die Unterstellung unter die schweizerische Versicherung. Verzichtet ein Grenzgänger auf die Unterstellung unter die schweizerische Versicherung, darf er kein neues Gesuch stellen. Grenzgänger aus Frankreich oder Deutschland haben wiederum ein Wahlrecht.

### 6.1.3 *Ruhen der Unfalldeckung*

Alle Versicherten, welche als Arbeitnehmende obligatorisch gemäss UVG für Berufsunfall und Nichtberufsunfall versichert sind, können beim Krankenversicherer beantragen, dass die Unfalldeckung sistiert wird. Dies gilt auch für anspruchsberechtigte Personen der Arbeitslosenversicherung (obligatorische Nichtberufsunfallversicherung für arbeitslose Personen). Die Sistierung erfolgt gegen schriftliches Gesuch mit Nachweis der vollen Unfalldeckung nach UVG.

Die Prämie des Krankenversicherers wird um den Anteil der Unfalldeckung herabgesetzt.
Scheidet ein Arbeitnehmender aus der vollen Unfallversicherung oder aus der Nichtberufsunfallversicherung aus, lebt die Deckung durch den Krankenversicherer automatisch auf den Zeitpunkt des Ausscheidens aus der UVG-Deckung wieder auf.
Der Arbeitgebende muss den Arbeitnehmenden beim Ausscheiden aus der UVG-Deckung oder aus der Nichtberufsunfalldeckung darauf hinweisen, dass er dies dem Krankenversicherer melden muss.

### 6.1.4 *Wahl des Versicherers und Zuweisung*

Die versicherungspflichtigen Personen können unter den Versicherern, in deren Tätigkeitsgebiet sie wohnen, frei wählen. Es steht ihnen frei, sich bei einer Krankenkasse oder bei einem Privatversicherer mit Bewilligung versichern zu lassen.
Alle zugelassenen Versicherer müssen, die versicherungspflichtigen Personen in ihrem Tätigkeitsgebiet in die obligatorische Krankenpflegeversicherung aufnehmen. Weiter darf bei einer versicherungspflichtigen Person für die obligatorische Krankenpflegeversicherung kein Vorbehalt für bestehende Krankheiten angebracht werden.
Die Regelung über die Wahl des Versicherers führt zu einer umfassenden Freizügigkeit innerhalb der obligatorischen Krankenpflegeversicherung. Jede versicherte Person kann, unter Einhaltung der Kündigungsfrist, jederzeit ohne Nachteile den Versicherer wechseln.
Personen, die zwar versicherungspflichtig sind, aber keine Versicherung abgeschlossen haben, werden vom Kanton einem Krankenversicherer zugewiesen. In diesem Fall haben die betroffenen Personen kein Wahl-

recht mehr. Sie können den Krankenversicherer aber später wieder wechseln.

- das Versicherungsverhältnis endet erst, wenn der neue Versicherer dem alten Versicherer mitgeteilt hat, dass die betreffende Person bei ihm ohne Unterbruch des Versicherungsschutzes versichert ist;
- unterlässt der neue Versicherer diese Mitteilung, so bleibt das Versicherungsverhältnis beim alten Versicherer bestehen, bis der neue Versicherer die Mitteilung nachholt. Für eine eventuelle Prämiendifferenz haftet der neue Versicherer;
- der alte Versicherer teilt der versicherten Person das Ende der alten Versicherung mit, sobald er vom neuen Versicherer die Mitteilung erhalten hat.

Bei einer Prämienerhöhung kann der Versicherte den Krankenversicherer unter Einhaltung einer einmonatigen Kündigungsfrist seit Ankündigung der Prämienerhöhung auf das Ende eines Monats wechseln. Der Krankenversicherer muss die Prämienerhöhung zwei Monate im Voraus ankündigen und auf das Recht hinweisen, den Krankenversicherer wechseln zu können.

#### 6.1.6 Private Krankenversicherung

Die private Krankenversicherung ist nicht Bestandteil der Sozialversicherungen. Diese Zusatzversicherungen sind im Versicherungsvertragsgesetz (VVG) geregelt.

Im Rahmen der privaten Krankenversicherung können Leistungen versichert werden, die über diejenigen der obligatorischen Krankenversicherung hinausgehen. Beispiele dafür sind:

- volle Kostendeckung der allgemeinen Spitalabteilung in der ganzen Schweiz,
- Kostenbeteiligung bei den zusätzlichen Spitalkosten (halbprivat, privat),
- Beiträge an Transport-, Rettungs- und Bergungskosten,
- Notfälle im Ausland: volle Kostendeckung der ärztlichen Behandlung und der allgemeinen Spitalabteilung,
- weitergehende Kostendeckung bei Zahnbehandlungen und Zahnstellungskorrekturen,

- Kostendeckung bei Alternativmedizin und -therapien sowie bei Präventionsmassnahmen,
- Beteiligung an den Kosten von Nichtpflichtmedikamenten,
- Kostenbeteiligung an Brillen und Kontaktlinsen,
- Kostenbeteiligung bei Kuren,
- Unfallzusatzversicherung,
- Krankentaggeldversicherung,
- Reise- und Ferienversicherung,
- Rechtschutzversicherung (bei Fehlbehandlungen, Verletzung der Aufklärungspflicht).

Die Leistungen werden von den Krankenkassen und den Krankenversicherungen angeboten.

## 6.2 *Leistungen*

### 6.2.1 *Obligatorische Krankenversicherung*

Der Umfang der im Rahmen der obligatorischen Krankenversicherung zu erbringenden und finanzierten Leistungen ist in der Verordnung über den Leistungskatalog festgehalten (KLV mit Anhang).
Weitergehende Versicherungsleistungen können zusätzlich, freiwillig abgeschlossen werden. Diese Leistungen unterstehen nicht mehr den Bestimmungen des Krankenversicherungsgesetzes (KVG) sondern dem Versicherungsvertragsgesetz (VVG). Der Krankenversicherer kann bei der Zusatzversicherung den Abschluss eines Vertrages von einer Gesundheitsprüfung abhängig machen, bestimmte Leistungsbereiche ausschliessen oder den Abschluss vollständig ablehnen.

### 6.2.2 *Übersicht über die obligatorischen Leistungen*

Der Leistungskatalog ist einem steten Wechsel ausgesetzt. Die nachfolgende Übersicht erhebt daher keinen Anspruch auf Vollständigkeit.
Der Leistungskatalog umfasst die ärztliche Psychotherapie, Leistungen, welche von Chiropraktoren und Chiropraktorinnen verordnet wurden, pharmazeutische Leistungen, ärztlich verordnete Physiotherapie, ärztlich verordnete Ergotherapien, ambulante Krankenpflege oder im Pflegeheim, ärztlich verordnete Ernährungsberatung und Diabetisberatung, ärztlich angeordnete Logoppädie, Massnahmen der Prävention.

*Spitalaufenthalte*
Kostendeckung in der allgemeinen Abteilung eines Listenspitals im Wohnkanton; unbegrenzte Leistungen.

*Mutterschaft*
Kostendeckung nach Tarif für eine bestimmte Anzahl Kontrolluntersuchungen, eine bestimmte Anzahl Ultraschalluntersuchungen und eine bestimmte Anzahl Stillberatungen. Einen Kostenbeitrag an Geburtsvorbereitungskurs durch Hebammen.

*Transport und Rettung*
Beiträge an Transport in der Höhe von 50% (max. Fr. 500.– pro Kalenderjahr), Beitrag an Rettungskosten in der Höhe von 50% (max. Fr. 5000.– pro Kalenderjahr).

*Hilfsmittel*
Beiträge an Hilfsmittel gemäss Liste «Mittel und Gegenstände». Einen Kostenbeitrag pro Kalenderjahr bis zum 18. Altersjahr, danach einmal alle 5 Jahre. Ausnahmeregelung für erweiterte Leistungen gemäss Krankenpflege-Leistungs-Verordnung (KLV).

*Badekuren*
Beitrag an eine vom Arzt verschriebene Badekur von Fr. 10.– pro Tag, während max. 21 Tagen pro Kalenderjahr. Ambulante Therapien nach Tarif.

*Zahnbehandlung*
Kostendeckung bei schweren Erkrankungen des Kausystems; bei Behandlungen, die durch ein Geburtsgebrechen bedingt sind und nicht durch die Invalidenversicherung gedeckt sind. Ebenso, wenn die Behandlung wegen einer schweren Allgemeinerkrankung notwendig ist. Deckung bei Zahnunfall.

*Auslandaufenthalte*
Bei Notfällen Kostendeckung bis max. zum doppelten Tarif des Wohn-

kantons in der Schweiz. Spezielle Regelungen für internationale Leistungsaushilfe im Rahmen der bilateralen Abkommen mit der EU.

### *6.2.3 Wahlrecht der Versicherten unter den Leistungserbringern*

Die Versicherten haben im Prinzip das volle Wahlrecht unter den Leistungserbringern. Die Versicherer haben grundsätzlich nur die Kosten in folgendem Umfang zu übernehmen:

- bei ambulanter Behandlung bis zur Höhe der Tarife, die am Wohn- oder Arbeitsort des Versicherten oder in dessen Umgebung gelten;
- bei stationärer und teilstationärer Behandlung bis zur Höhe der Tarife, die im Wohnkanton des Versicherten gelten.

Lässt sich der Versicherte innerhalb dieser Grenzen behandeln, geniesst er den vollen Tarifschutz.

Begibt sich der Versicherte ohne besonderen Grund ausserhalb des Wohn- oder Aufenthaltsortes (bei ambulanter Behandlung) und ausserhalb des Wohnkantons (bei stationärer oder teilstationärer Behandlung), dann übernimmt der Versicherer nur die Kosten entsprechend den dortigen Tarifen. Der Leistungsumfang des Versicherers wird, je nach Fall, nicht mehr kostendeckend sein. Nur bei medizinisch bedingter Behandlung ausserhalb der Grenzen geniesst der Versicherte den vollen Tarifschutz. Beansprucht ein Versicherter aus medizinischen Gründen die Dienste eines ausserhalb seines Wohnkantons befindlichen öffentlichen oder öffentlich subventionierten Spitals, übernimmt der Wohnkanton die Differenz zwischen den in Rechnung gestellten Kosten und den Tarifen für Kantonseinwohner.

### *6.2.4 Voraussetzungen der Leistungsübernahme*

Es werden nur Kosten vergütet, die von den zugelassenen Leistungserbringer erbracht worden sind, das heisst: Ärzte; Chiropraktoren; Apotheker; Hebammen; Personen, die auf Anordnung eines Arztes Leistungen erbringen; Laboratorien; Abgabestellen für Mittel und Gegenstände; Spitäler; Einrichtungen, die der teilstationären Krankenpflege dienen; Pflegeheime und Heilbäder. Zahnärzte sind für die vorgesehenen Zahnbehandlungen den Ärzten gleichgestellt.

Die Leistungen der Krankenpflegeversicherung müssen:

- wirtschaftlich (angemessenes Kosten-/Nutzenverhältnis);

- zweckmässig (im Einzelfall die angestrebte Wirkung in angemessener Form hervorrufen);
- wirksam sein (im Allgemeinen die angestrebte Wirkung erzielen).

Die Wirksamkeit muss nach wissenschaftlichen Methoden nachgewiesen sein (d.h. Nachweis, dass es wirkt (z.B. durch empirische Versuche); nicht mehr nachweisbar, wie es wirkt).
Die Kostenübernahme gilt in der obligatorischen Krankenpflegeversicherung für Leistungen, die in der Schweiz erbracht werden.

### 6.1.5 Wechsel des Versicherers

Der Ablauf eines Wechsels des Krankenversicherers ist gesetzlich geregelt:
- ein Wechsel ist nur auf Ende eines Kalenderjahres möglich, unter Einhaltung einer 3-monatigen Kündigungsfrist;

Der Bundesrat kann bestimmen, dass die Versicherer auch diejenigen Kosten von Leistungen übernehmen müssen, die aus medizinischen oder auch anderen Gründen im Ausland erbracht werden (Notbehandlungen und Therapieformen, die in der Schweiz nicht angeboten werden; bei Geburten im Ausland für den Erwerb der Staatsbürgerschaft).
Der Bundesrat kann die Übernahme der Kosten von Leistungen begrenzen, die im Ausland erbracht werden.

### *6.2.5 Bezahlung der erbrachten Leistungen*

In der Regel werden dem Versicherten die Kosten rückerstattet (Tiers garant). Die Vertragspartner können, wie bis anhin, die Direktzahlung (Tiers payant) vereinbaren. Bei beiden Bezahlungsarten hat der Schuldner Anspruch auf eine detaillierte und verständliche Rechnung mit allen Angaben, welche zur Berechnung der Vergütungen und zur Durchführung der Wirtschaftlichkeitskontrolle nötig sind.
Beim Tiers garant ist der Versicherte Schuldner des Leistungserbringers. Er bezahlt die Rechnung und reicht eine Kopie derselben an seinen Versicherer zur Rückerstattung ein. Die Höhe der Rückerstattung entspricht dem Rechnungsbetrag abzüglich der Kostenbeteiligung.
Beim Tiers payant holt der Leistungserbringer vor der Behandlung beim Versicherer seines Patienten eine Kostengutsprache ein. Die Rechnungsstellung erfolgt an den Versicherer direkt. Eine Rechnungskopie geht zur

Information an den Versicherten. Die Zahlung des Versicherers an den Leistungserbringer entspricht dem Rechnungsbetrag. Vom Versicherten verlangt der Versicherer die Kostenbeteiligung.

## ***6.3 Prämien***

### *6.3.1 Grundsatz*

Der Versicherer muss von jedem Versicherten die gleichen Prämien verlangen, soweit keine Ausnahmen zugelassen sind.

1. Ausnahme: Die Prämien können nach kantonalen oder regionalen Kostenunterschieden abgestuft werden. Pro Kanton sind nur drei regionale Stufen zulässig.
2. Ausnahme: Die Prämien für Kinder (bis 18 Jahre) müssen tiefer sein als diejenigen für Erwachsene. Die Prämien für Jugendliche in Ausbildung (bis Alter 25) dürfen tiefer angesetzt werden als für Erwachsene.

Den Versicherern wird so ermöglicht, für Kantone / Regionen, in denen teurere Leistungserbringer tätig sind (z.B. Universitätsspitäler) oder in denen mehr Leistungen beansprucht werden, höhere Prämien festzusetzen.
Die Prämienunterschiede zwischen den Regionen eines Kantons dürfen nicht mehr als 50% der untersten Prämie betragen.
Die Prämien für Versicherungen mit eingeschränkter Wahl der Leistungserbringer (HMO, PPO) können tiefer angesetzt werden.
Für die wählbare Franchise und die Bonusversicherung werden die zulässigen Prämienreduktionen in der Verordnung geregelt.
Die Kosten der Pflegeleistungen werden finanziert aus Beiträgen der Krankenversicherer (abgestuft nach Pflegestufe), den Beiträgen der versicherten Personen und dem Restbetrag der öffentlichen Hand.

### *6.3.2 Kostenbeteiligung der Versicherten*

Die versicherten Personen müssen von den Kosten eine jährliche Franchise (mindestens Fr. 300.–) und einem Selbstbehalt von 10% auf den die Franchise übersteigenden Betrag übernehmen. Die Kostenbeteiligung muss sowohl bei der ambulanten als auch bei der stationären beziehungsweise teilstationären Behandlung übernommen werden.

Pro Kalenderjahr beträgt der zu leistende Selbstbehalt, zusätzlich zur Franchise, im Maximum Fr. 700.–. Kinder bis 18 Jahre müssen keine Franchise bezahlen. Der Selbstbehalt beträgt maximal Fr. 350.–.
Der Jahresbetrag der Franchise kann freiwillig erhöht werden, was eine entsprechende Reduktion der Prämie zur Folge hat. Der Betrag der Franchise kann bei Erwachsenen auf maximal Fr. 2500.– und bei Kindern auf maximal Fr. 600.– erhöht werden.
Der Bundesrat kann für bestimmte Leistungen eine höhere Kostenbeteiligung festlegen (z.B. Physio- oder Psychotherapien). Im Gegenzug kann er bei bestimmten Dauerbehandlungen und Behandlungen schwerer Krankheiten die Kostenbeteiligung herabsetzen.
Bei wählbaren Franchisen besteht eine Höchstgrenze für Franchise und Selbstbehalt zusammen im Umfang des dreifachen Betrages der gewählten Franchise.
Auf den Leistungen bei Mutterschaft darf der Versicherer keine Kostenbeteiligung erheben.
An die erbrachten Kosten der Pflegeleistungen beteiligen sich die versicherten Personen höchstens mit 20% des Pflegebeitrages der Krankenversicherer.

#### *6.3.3 Prämienverbilligung in der obligatorischen Krankenversicherung*

Versicherungspflichtige Personen in bescheidenen wirtschaftlichen Verhältnissen haben Anspruch auf Prämienverbilligung. Jeder Kanton hat gesetzlich festgelegt, wie sich die bescheidenen wirtschaftlichen Verhältnisse berechnen (massgebendes Jahreseinkommen; Berechnungseinheit: Anzahl Erwachsene, Anzahl jugendliche Erwachsene, Anzahl Kinder; Richtprämie; Prozentsatz des massgebenden Jahreseinkommens).
Die Anmeldung des Anspruchs auf Prämienverbilligung richtet sich nach den Bestimmungen des Wohnkantons (z.B. Anmeldung bei der Wohngemeinde, Zustellen des Antragformulars durch die Steuerverwaltung).
Die Auszahlung der Prämienverbilligung in der Krankenversicherung erfolgt an die Krankenversicherung der anspruchsberechtigten Person.
Zuständig für die Prüfung des Antrags und die Überweisung der Prämienverbilligung an die Krankenversicherer ist (in der Regel) die kantonale AHV-Ausgleichskasse.

## 6.4 *Meldewesen*

Das Meldewesen konzentriert sich auf das Geltendmachen von Leistungen und deren Vergütung (Rechnungen an den Krankenversicherer zustellen; Zahlungsverbindung und Korrespondenzadresse mitteilen).
Der Meldeablauf beim Wechsel des Krankenversicherers ist von Gesetzes wegen vorgeschrieben.
Die Übersicht über die Krankenversicherer in der Schweiz führt die Gemeinsame Einrichtung KVG.

## 6.5 *Zahlen zur obligatorischen Krankenversicherung*

| | **1990** | **1995** | **2000** | **2005** | **2010** | **2012** | **2013** |
|---|---|---|---|---|---|---|---|
| **Einnahmen** (in Mio.) | | | | | | | |
| Prämien | 6642 | 8586 | 10801 | 15241 | 17976 | 20336 | 20857 |
| *Prämienverbilligung* | | 540 | 2577 | 3204 | 3975 | 3994 | 4035 |
| Subventionen Krankenvers | 1936 | 1494 | 0 | 0 | 0 | 0 | 0 |
| übrige Einnahmen | 290 | 325 | 552 | 383 | 677 | 662 | 297 |
| Total | 8869 | 10405 | 13930 | 18828 | 22528 | 24992 | 25189 |
| **Ausgaben** (in Mio) | | | | | | | |
| Total | 8417 | 10017 | 14056 | 18330 | 22123 | 22705 | 25459 |

(Sozialleistungen minus Kostenbeteiligung der Versicherten)

Quellen: BSV: Schweizerische Sozialversicherungsstatistik, Sozialversicherungen 2014

Die Krankenversicherung weist seit Jahren ein ungebrochenes Wachstum aus, ein Ende ist nicht in Sicht. Selbst die Systemänderung «weg von der Subventionierung der Krankenversicherer hin zur Prämienverbilligung an die versicherte Personen» trug zu keiner Reduktion der Ausgaben bei.

## *7. Erwerbsersatzordnung für Dienstleistende (EO)*

### *7.1 Versicherte Personen*

Anspruch auf Erwerbsersatz haben dienstleistende Personen, die in der Schweiz oder im Ausland:

- für jeden besoldeten Diensttag in der schweizerischen Armee, im Zivilschutz und im Rotkreuzdienst;
- für jeden anrechenbaren Diensttag im Zivildienst;
- für jeden Kurstag bei eidgenössischen oder kantonalen Kaderbildungskursen von Jugend und Sport;
- für jeden Kurstag in Jungschützenleiterkursen, für den sie den Funktionssold erhalten.

Keinen Anspruch haben Personen, die eine AHV-Altersrente beziehen. Dies gilt auch für Personen, welche die AHV-Altersrente vorbezogen haben.

### *7.2 Versicherter Verdienst*

Der versicherte Verdienst richtet sich nach den Bestimmungen der AHV.

### *7.3 Leistungen*

#### *7.3.1 Grundentschädigung*

Grundentschädigung erhalten alle dienstleistenden Personen und zwar unabhängig ihres Zivilstandes. Die Höhe der Grundentschädigung richtet sich nach der Dienstart (Normaldienst, Beförderungsdienst, etc.) und dem vordienstlichen, auf den Tag umgerechneten Erwerbseinkommen (mit Mindestansätzen). In der Regel wird das vordienstliche Erwerbseinkommen durch 30 Tage pro Monat resp. 360 Tage pro Jahr dividiert. Davon abgeleitet, betragen die Grundentschädigungen:

- *Rekruten (ohne Kinder): (mit Kinder = übrige Dienstleistende)* — *fix Fr. 62.– pro Tag*
- *Durchdiener* — *80% des durchschnittlichen vordienstlichen Erwerbseinkommens, mindestens Fr. 91.– bis maximal Fr. 196.– pro Tag*

| | |
|---|---|
| – *Rekruten (ohne Kinder):* *(mit Kinder = übrige Dienstleistende)* | *fix Fr. 62.– pro Tag* |
| – *Durchdiener* | *80% des durchschnittlichen vordienstlichen Erwerbseinkommens, mindestens Fr. 91.– bis maximal Fr. 196.– pro Tag* |
| – *Normaldienste:* | |
| – *Erwerbstätige:* | *80% des durchschnittlichen vordienstlichen Erwerbseinkommens, mindestens Fr. 62.– bis maximal Fr. 196.– pro Tag* |
| – *Nichterwerbstätige:* | *fix Fr. 62.– pro Tag* |
| – *Gradänderungsdienste:* | |
| – *Erwerbstätige:* | *80% des durchschnittlichen vordienstlichen Erwerbseinkommens, mindestens Fr. 111.– bis maximal Fr. 196.– pro Tag* |
| – *Nichterwerbstätige:* | *fix Fr. 111.– pro Tag* |

Für Durchdiener (Personen, welche die Dienstpflicht an einem Stück absolvieren) gelten die gleichen Ansätze wie für Dienstleistende. Während der Phase der Grundausbildung sind Durchdiener den Rekruten gleichgestellt.
Durchdiener-Unteroffiziere erhalten nach der Grundausbildung eine Entschädigung von mindestens Fr. 152.– pro Tag.

### *7.3.2 Kinderzulagen*

Kinderzulagen erhalten dienstleistende Personen für:
- eigene Kinder;
- Pflegekinder, die sie unentgeltlich zu dauernder Pflege und Erziehung zu sich genommen haben.

Die Kinderzulage beträgt für jedes Kind Fr. 20.– pro Tag. Sie wird für jedes Kind gewährt, welches das 18. Altersjahr noch nicht vollendet hat. Für Kinder in Ausbildung kann die Kinderzulage bis zum vollendeten 25. Altersjahr ausgerichtet werden.

### *7.3.3 Gesamtentschädigung*

Die Gesamtentschädigung setzt sich zusammen aus der Grundentschädigung und den Kinderzulagen. Sie darf bei Erwerbstätigen das durchschnittliche vordienstliche Erwerbseinkommen, auf jeden Fall aber Fr. 245.– pro Tag, nicht übersteigen.
Bei Nichterwerbstätigen darf die Gesamtentschädigung Fr. 123.– und während bestimmter Gradänderungsdienste Fr. 172.– pro Tag nicht übersteigen.
Die Begrenzung der Gesamtentschädigung bewirkt, dass die Kinderzulage nicht in jedem Fall voll, beziehungsweise für alle Kinder ausgerichtet wird.

### *7.3.4 Betreuungszulagen*

Zulagen für Betreuungskosten erhalten dienstleistende Personen, die mit Kindern unter 16 Jahren im gemeinsamen Haushalt leben und an mindestens zwei zusammenhängenden Tagen Dienst leisten.
Vergütet werden nur Mehrauslagen, die entstehen, weil die dienstleistende Person regelmässige Betreuungsaufgaben nicht selber wahrnehmen kann.
Vergütet werden die tatsächlichen Kosten ab Fr. 20.– pro Dienstperiode, höchstens Fr. 59.– pro Diensttag.
Nicht vergütet werden Einkommensverluste, die bei Dritten entstehen, weil diese die Kinder während des Dienstes betreuen.

### *7.3.5 Betriebszulagen*

Betriebszulagen erhalten dienstleistende Personen, welche die Kosten eines Betriebes tragen (Geschäftsräume usw.) und den überwiegenden Teil ihres Einkommens aus einer selbständigen Erwerbstätigkeit erzielen als:
- Eigentümer/in, Pächter-in oder Nutzniesser/in;
- Teilhaber/in einer Kollektivgesellschaft;
- unbeschränkt haftende Teilhaber/in einer Kommanditgesellschaft;
- Teilhaber/in einer anderen, auf einen Erwerbszweck gerichteten Personengesamtheit ohne juristische Persönlichkeit (z.B. einfache Gesellschaft, Erbengemeinschaft).

Die Betriebszulage wird auch an hauptberuflich mitarbeitende Familienmitglieder in der Landwirtschaft ausgerichtet, wenn diese bei einer ununterbrochenen Dienstleistung von mindestens 12 Tagen während mindestens 10 Tagen durch eine Aushilfe ersetzt werden, deren Barlohn pro Tag mindestens Fr. 67.– erreicht.
Die Betriebszulage beträgt Fr. 67.– pro Tag.

## 7.4 Kosten / Beiträge

### 7.4.1 Arbeitnehmende

Alle Erwerbstätigen sind ab 1. Januar nach Vollendung des 17. Altersjahres beitragspflichtig. Bei geringfügigen Jahreseinkommen unter Fr. 2300.– werden – mit Ausnahme von Hausdienst-Arbeitnehmenden (z.B. privat angestellte Putzfrau) – die AHV-Beiträge nur auf Verlangen der versicherten Person erhoben (diese Ausnahme gilt wiederum nicht, wenn die erwerbstätige Person jünger ist als 25 Jahre und das Jahreseinkommen kleiner ist als Fr. 750.–). Ab Erreichen des ordentlichen Rentenalters gilt ein Freibetrag, auf den keine Beiträge zu entrichten sind.
Der Beitragssatz für die EO beträgt 0,45% des AHV-pflichtigen Lohnes. Arbeitgebende und Arbeitnehmende tragen je die Hälfte des Beitrages. Der Arbeitgebende zieht den Beitrag des Arbeitnehmenden von dessen Lohn ab und überweist ihn zusammen mit seinen Beiträgen an seine zuständige AHV-Ausgleichskasse.

### 7.4.2 Selbständigerwerbende

Alle Erwerbstätigen unterstehen ab dem 1. Januar nach Vollendung des 17. Altersjahres der Beitragspflicht. Ab Erreichen des ordentlichen Rentenalters gilt ein Freibetrag in der Höhe von Fr. 16 800.– pro Jahr, auf den keine Beiträge zu entrichten sind.
Der Beitragssatz für AHV beträgt 0,45% des AHV-pflichtigen Jahreseinkommens. Liegt das Erwerbseinkommen zwischen Fr. 9400.– und Fr. 56 400.–, gelangt ein reduzierter Beitragssatz zur Anwendung.
Der Mindestbeitrag an die AHV/IV/EO (ohne Verwaltungskosten) beträgt Fr. 478.– pro Jahr.
Für Selbständigerwerbende im Nebenerwerb ist erst ein Jahreseinkommen ab Fr. 2300.– beitragspflichtig.

### *7.4.3 Nichterwerbstätige*

Die Beitragspflicht beginnt ab 1. Januar nach Vollendung des 20. Altersjahres. Die Beitragspflicht endet, wenn das ordentliche Rentenalter (Männer = 65; Frauen = 64 Jahre) erreicht ist.

Als Grundlage für die Berechnung der gesamten Beiträge an die AHV (die IV und die EO) dienen das Vermögen und das 20-fache jährliche Renteneinkommen. Die Alters- und Hinterlassenenrenten der AHV werden ebenfalls angerechnet, nicht hingegen die Invalidenrenten der eidgenössischen IV (der Maximalbetrag entspricht dem 50-fachen Minimalbetrag).

## *7.5 Meldewesen*

Für die Geltendmachung des Leistungsanspruchs ist der zuständigen AHV-Ausgleichskasse die Meldekarte zuzustellen.

## *7.6 Zahlen zur Erwerbsersatzordnung:*

| | 1980 | 1990 | 2000 | 2005 | 2010 | 2012 | 2013 | 2014 |
|---|---|---|---|---|---|---|---|---|
| **Einnahmen** (in Mio.) | | | | | | | | |
| Beiträge | 619 | 958 | 734 | 835 | 985 | 1727 | 1766 | 1790 |
| Ertrag | 29 | 102 | 138 | 189 | 21 | 27 | 13 | 0 |
| **Ausgaben** (in Mio.) | | | | | | | | |
| Leistungen | 481 | 884 | 679 | 836 | 1601* | 1602* | 1635* | 1668* |
| * inkl. Mutterschaftsentschädigung | | | | | | | | |
| | **1991** | **1995** | **2000** | **2005** | **2010** | **2012** | **2013** | **2014** |
| Bezügerinnen und Bezüger (in 1000) | 494.4 | 404.1 | 322.5 | 267.5 | 283.0 | 268.6 | 260.3 | 258.5 |

Quellen: BSV: Schweizerische Sozialversicherungsstatistik, Sozialversicherungen 2014

Im Juli 2005 wurde die Mutterschaftsentschädigung eingeführt, die aus dem EO-Fonds finanziert wird.

# 8. Mutterschaftsentschädigung (MSE als Teil der EO)

## 8.1 Versicherte Personen

Anspruch auf Mutterschaftsentschädigung haben Frauen, die im Zeitpunkt der Niederkunft:

- Arbeitnehmerinnen sind,
- selbständigerwerbend sind oder im Betrieb des Ehegatten oder der Familie mitarbeiten und einen Lohn vergütet erhalten,
- arbeitslos sind und entweder ein Taggeld der Arbeitslosenversicherung beziehen oder die Anspruchsvoraussetzungen dafür erfüllen,
- wegen Krankheit, Unfall oder Invalidität arbeitsunfähig sind und deswegen Leistungen einer Sozial- oder Privatversicherung beziehen, sofern das Taggeld Lohnersatz darstellt.

### 8.1.1 Anspruchsvoraussetzungen

Der Anspruch auf Mutterschaftsentschädigung entsteht, wenn die Anspruchsberechtigten:

- während 9 Monaten unmittelbar vor der Niederkunft im Sinne des AHV-Gesetzes obligatorisch versichert waren,
- in dieser Zeit während mindestens 5 Monaten eine Erwerbstätigkeit ausgeübt haben und
- im Zeitpunkt der Niederkunft:
- Arbeitnehmerin ist,
- Selbständigerwerbende ist, oder
- im Betrieb des Ehemannes mitarbeitet und einen Barlohn bezieht.

Bei einer vorzeitigen Geburt reduziert sich diese Frist auf:

- 8 Monate bei Niederkunft vor dem 9. Schwangerschaftsmonat,
- 7 Monate bei Niederkunft vor dem 8. Schwangerschaftsmonat,
- 6 Monate bei Niederkunft vor dem 7. Schwangerschaftsmonat.

Eine arbeitslose Mutter hat Anspruch, wenn sie bis zur Geburt ein Taggeld der Arbeitslosenversicherung bezog, oder wenn sie am Tag der Geburt die für den Bezug eines Taggeldes nach dem Arbeitslosenversicherungsgesetz erforderlichen Anspruchsvoraussetzungen erfüllt.

Eine Mutter, die im Zeitpunkt der Geburt arbeitsunfähig ist oder wegen der Arbeitsunfähigkeit die erforderliche Mindesterwerbsdauer nicht erfüllt hat, hat Anspruch, wenn sie bis zur Geburt eine Erwerbsausfallentschädigung bei Krankheit oder Unfall aus einer Sozial- oder Privatversicherung oder ein Taggeld der Invalidenversicherung bezogen hat. Erfüllt eine arbeitsunfähige Mutter diese Voraussetzungen nicht, so hat sie Anspruch auf Entschädigung, wenn sie im Zeitpunkt der Geburt noch in einem gültigen Arbeitsverhältnis stand, ihr Anspruch auf Lohnfortzahlung jedoch schon erschöpft war.

### *8.2 Versicherter Verdienst*

Die Grundlagen für die Berechnung des versicherten Verdienstes richten sich nach den Bestimmungen der AHV.

### *8.3 Leistungen*

#### *8.3.1 Anspruchsdauer*

Der Anspruch beginnt am Tag der Niederkunft und endet spätestens nach 14 Wochen (98 Tage). Wenn die Mutter die Erwerbstätigkeit während dieser Zeit ganz oder teilweise wieder aufnimmt oder stirbt, endet der Anspruch vorzeitig. Bei mindestens drei Wochen Spitalaufenthalt des Kindes beginnt der Entschädigungsanspruch von 14 Wochen erst mit Heimkehr des Kindes.

#### *8.3.2 Höhe der Entschädigung*

Die Höhe der Entschädigung beträgt 80% des vor der Niederkunft erzielten durchschnittlichen Erwerbseinkommens, höchstens jedoch Fr. 196.– pro Tag (Fr. 7350.– pro Monat/30 Tage). Bei selbständigerwerbenden Müttern gilt das zuletzt durch die AHV-Ausgleichskasse rechtskräftig festgelegte Einkommen (bis maximal Fr. 88 200.– pro Jahr/360 Tage, davon 80%). Es besteht kein Anspruch auf Familienzulagen.

#### *8.3.3 Vorrang der Mutterschaftsentschädigung*

Sofern bei der Geburt ein Anspruch auf Taggelder der:
- Invalidenversicherung,
- obligatorischen Unfallversicherung,
- obligatorischen Krankenversicherung,
- Arbeitslosenversicherung,
- Militärversicherung oder
- Erwerbsausfallentschädigung für Dienstleistende

besteht, geht die Mutterschaftsentschädigung vor. Die Höhe entspricht mindestens dem bisher bezogenen Taggeld. Der Bezug der Mutterschaftsentschädigung schliesst den gleichzeitigen Bezug von Taggeldern der vorhin aufgeführten Versicherer aus.

## *8.4 Kosten / Beiträge*

Die Kosten werden durch die Beiträge an die Erwerbsersatzordnung (EO) gedeckt.

## *8.5 Meldewesen*

### *8.3.1 Anspruchsdauer*

Nach dem Stellen des Antrages auf Mutterschaftsentschädigung ist der zuständigen AHV-Ausgleichskasse die Arbeitsaufnahme vor Ablauf der 14-wöchigen Dauer des Leistungsbezuges zu melden.
Selbständigerwerbende Mütter können bei der AHV-Ausgleichskasse eine Überprüfung der Mutterschaftsentschädigung beantragen, falls im Laufjahr das Einkommen aus der selbständigen Erwerbstätigkeit grösser ist, als bisher gemeldet. Im umgekehrten Fall nimmt die AHV-Ausgleichskasse die Anpassung vor.

## *8.6 Zahlen zur Mutterschaftsentschädigung*

| | 2005* | 2010 | 2011 | 2012 | 2013 | 2014 |
|---|---|---|---|---|---|---|
| Bezügerinnen | 31 110 | 71 610 | 72 510 | 72 890 | 74 600 | 77 630 |
| * Inkrafttreten per 1. Juli 2005 | | | | | | |

Quelle: BSV: Schweizerische Sozialversicherungsstatistik

## 9. *Familienzulagen (FamZ, FL)*

Die Familienzulagen sind in der Schweiz einerseits im Bundesgesetz über die Familienzulagen (FamZG) und andererseits im Bundesgesetz über die Familienzulagen in der Landwirtschaft (FLG) geregelt.
Das Bundesgesetz über die Familienzulagen regelt die Mindestansätze der monatlichen Kinder- und Ausbildungszulagen für Arbeitnehmende und für Nichterwerbstätige in bescheidenen wirtschaftlichen Verhältnissen.
Weitergehende Familienzulagen (zum Beispiel für Selbständigerwerbende) oder höhere Zulagen sind im jeweiligen kantonalen Familienzulagengesetz geregelt.

### 9.1 *Versicherte Personen*

#### 9.1.1 *Bundesgesetz über die Familienzulagen*

Das Bundesgesetz über die Familienzulagen (FamZG) legt Mindestansätze der monatlichen Kinder- und Ausbildungszulagen für Arbeitnehmende, Selbständigerwerbende und für Nichterwerbstätige in bescheidenen wirtschaftlichen Verhältnissen fest. Der Anspruch auf weitere Arten von Familienzulagen (z.B. Geburtszulagen, Haushaltzulagen etc.) sind weiterhin nach kantonaler Gesetzgebung möglich.
Anspruchsberechtigt sind Arbeitnehmende (ausserhalb der Landwirtschaft) sofern ihr AHV-pflichtiges Erwerbseinkommen mindestens Fr. 587,50 pro Monat, resp. Fr. 7050.– pro Jahr beträgt. Der Anspruch auf Familienzulagen entsteht und endet mit dem Lohnanspruch (bei Ein- oder Austritt während eines Monats wird die Zulage pro rata temporis ausbezahlt [Zulage geteilt durch 30 Tage multipliziert mit der Anzahl Kalendertage der Dauer des Arbeitsverhältnisses]).
Beschäftigungen bei verschiedenen Arbeitgebenden werden zusammengezählt (zuständig für die Zulagen ist in diesen Fällen derjenige Arbeitgebende, welcher den höchsten Lohn ausrichtet).
Auch bei Teilzeitangestellten werden nur ganze (oder keine) Zulagen ausgerichtet; es gibt keine dem Beschäftigungsgrad entsprechenden Teilzulagen.
Wird das AHV-pflichtige Mindesteinkommen nicht erreicht (z.B. kleine Teilzeitpensen), besteht kein Anspruch auf Familienzulagen (allenfalls besteht ein Anspruch wie für Nichterwerbstätige).

In der AHV obligatorisch versicherte Personen, die in der AHV als Nichterwerbstätige erfasst sind und in bescheidenen wirtschaftlichen Verhältnissen leben, haben Anspruch auf Familienzulagen. Bescheidene wirtschaftliche Verhältnisse liegen vor, wenn das steuerbare Einkommen (Bundessteuern) den Betrag von Fr. 42 300.– pro Jahr nicht übersteigt (dreifache minimale AHV-Altersrente eines Jahres) und dass ausserdem keine Ergänzungsleistungen zur AHV/IV bezogen werden. Die Kantone können für die Berechtigten günstigere Regeln vorsehen (z.B. Einkommensgrenze erhöhen / aufheben).

Ein Anspruch auf Familienzulagen besteht für Kinder, für welche die Bezügerin oder der Bezüger aufkommt, das heisst für:

- eigene Kinder, und zwar unabhängig davon, ob die Eltern verheiratet sind oder nicht oder ob es sich um adoptierte Kinder handelt,
- Stiefkinder, die überwiegend im Haushalt des Stiefelternteils leben oder bis zur Mündigkeit lebten,
- Pflegekinder, die unentgeltlich zur dauernden Pflege und Erziehung aufgenommen worden sind, Geschwister und Enkelkinder, für deren Unterhalt die bezugsberechtigte Person überwiegend aufkommt.

Für jedes Kind darf nur eine (volle) Zulage ausgerichtet werden.

Erfüllen mehrere Personen die Anspruchsvoraussetzungen, legt das FamZG folgende Reihenfolge für den Erstanspruch fest:

- die erwerbstätige Person,
- die Person, welche die elterliche Sorge hat oder bis zur Mündigkeit des Kindes hatte,
- bei gemeinsamer elterlicher Sorge oder wenn keine der berechtigten Personen die elterliche Sorge hat, ist in erster Linie die Person anspruchsberechtigt, wer überwiegend mit dem Kind zusammenlebt oder bis zu seiner Mündigkeit lebte; bei Trennung oder Scheidung hat deshalb in erster Linie Anspruch, wer das Kind bei sich betreut;
- leben beide Eltern mit dem Kind zusammen so hat Vorrang, wer im Wohnsitzkanton des Kindes arbeitet,
- arbeiten beide oder arbeitet keiner der Elternteile im Wohnsitzkanton des Kindes, so bezieht die Familienzulagen, wer das höhere AHV-pflichtigen Einkommen erzielt.

Richten sich die Zulagenansprüche der anspruchsberechtigten erwerbstätigen Personen nach Familienzulagenordnungen von zwei verschiedenen Kantonen und sind die Zulagen in den beiden Kantonen unterschiedlich hoch, hat die zweitanspruchsberechtigte Person Anspruch auf den Differenzbetrag ihres Kantons. Keinen Anspruch auf Differenzzahlung besteht, wenn nur ein Elternteil Familienzulagen aus zwei verschiedenen Kantonen beziehen könnte (das heisst, sie ist in zwei verschiedenen Kantonen erwerbstätig; sie hat nur Anspruch auf Familienzulagen nach den kantonalen Bestimmungen, in dem Kanton sie das höhere Erwerbseinkommen erzielt). Nichterwerbstätige haben nie Anspruch auf Differenzzahlung.

Bei Arbeitslosigkeit richtet die Arbeitslosenkasse die Familienzulagen subsidiär als Zuschlag zum Arbeitslosentaggeld aus. Subsidiär heisst, dass zuerst geprüft wird, ob nicht eine andere Person (z.B. anderer erwerbstätiger Elternteil) Anspruch auf die Zulagen hat.

#### *9.1.2 Familienzulagen in der Landwirtschaft*

Der Familienzulagenordnung unterstellt sind:

- Arbeitnehmende, die in einem landwirtschaftlichen Betrieb gegen Entgelt in unselbständiger Stellung tätig sind (Ausnahmen bei Ehegatten sowie bei Verwandten der Betriebsleitung in auf- und absteigender Linie),
- selbständigerwerbende Älplerinnen und Älpler, die während mindestens 2 Monaten ununterbrochen eine Alp in selbständiger Stellung bewirtschaften, haben für diese Zeit Anspruch auf Kinderzulagen,
- selbständigerwerbende Landwirte,
- Berufsfischerinnen und Berufsfischer im Hauptberuf.

## 9.2 *Leistungen*

### *9.2.1 Bundesgesetz über die Familienzulagen*

Der Anspruch auf Familienzulagen entsteht und erlischt mit dem Arbeitsverhältnis. Die Familienzulagen sind auszurichten, solange ein Arbeitsverhältnis gemäss Artikel 319 ff. OR besteht.
Wird der Arbeitnehmer aus Gründen, die in seiner Person liegen, wie Krankheit, Unfall, Erfüllung gesetzlicher Pflichten oder Ausübung eines öffentlichen Amtes, an seiner Arbeitsleistung verhindert (Art. 324a Abs. 1 und 3 OR), bleibt der Anspruch für den Ereignismonat plus für die drei folgenden Monate bestehen.

*Kinderzulagen*

Die Höhe der Kinderzulage richtet sich nach den Bestimmungen des kantonalen Familienzulagengesetzes, beträgt aber mindestens Fr. 200.- pro Monat und Kind.
Der Anspruch beginnt mit dem Monat, in welchem das Kind geboren wird und erlischt mit dem Monat, in welchem das Kind das 16. Altersjahr erreicht. Ist das Kind erwerbs-unfähig im Sinne von Art. 7 ATSG, wird die Kinderzulage bis zum vollendeten 25. Altersjahr ausgerichtet.

*Ausbildungszulagen*

Die Ausbildungszulage richtet sich nach den Bestimmungen des kantonalen Familienzulagengesetzes, beträgt aber mindestens Fr. 250.– pro Monat und Kind.
Die Ausbildungszulage wird ab Beginn des Monats nach Vollendung des 16. Altersjahres bis zum Abschluss der Ausbildung ausgerichtet, längstens jedoch bis zum Ende des Monats, in welchem das Kind das 25. Altersjahres vollendet.
Bei Unterbrechung der Ausbildung bis zu 6 Monaten bleibt der Anspruch auf Ausbildungszulagen in der Regel bestehen.
Der Anspruch kann beendet werden, wenn das Kind ein Bruttoerwerbseinkommen pro Monat erzielt, das höher ist als die maximale AHV-Altersrente.

*Spezielles*

Werden bei Berufs- und Nichtberufsunfällen (UVG-Obligatorium) oder Krankheit die Familienzulagen durch die Versicherer vergütet, müssen diese Leistungen der Familienausgleichskasse gemeldet werden. Dieser Betrag wird in der Schlussabrechnung an die periodisch gutgeschriebenen Zulagen angerechnet.

*9.2.2 Familienzulagen in der Landwirtschaft*

Es wird unterschieden zwischen Kinder- und Ausbildungszulagen für Betriebe im Berggebiet und im Talgebiet.

Talgebiet: pro Kind und Monat Fr. 200.– (Kinderzulagen) resp. Fr. 250.– (Ausbildungszulagen);

Berggebiet: pro Kind und Monat Fr. 220.– (Kinderzulagen) resp. Fr. 270.– (Ausbildungszulagen).

Die Kinderzulage wird ausgerichtet:

- bis zum vollendeten 16. Altersjahr, oder
- bis zum vollendeten 20. Altersjahr für Kinder, die wegen einer Krankheit oder eines Gebrechens erwerbsunfähig sind und keine ganze IV-Rente beziehen, oder
- bis zum vollendeten 25. Altersjahr für Kinder in Ausbildung. Landwirtschaftliche Arbeitnehmende haben nur Anspruch auf Haushaltzulagen, wenn:
- sie mit ihrem Ehegatten oder Kindern einen gemeinsamen Haushalt führen, oder
- sie in Hausgemeinschaft mit dem Arbeitgebenden leben und ihre Ehegatten oder Kinder einen eigenen Haushalt führen, für deren Kosten sie aufkommen müssen, oder
- sie mit ihren Ehegatten oder Kindern in Hausgemeinschaft mit dem Arbeitgebenden leben.

Ausländische Arbeitnehmende, die sich mit ihrer Familie in der Schweiz aufhalten, haben sowohl Anspruch auf Kinderzulagen als auch auf eine Hauhaltungszulage.

Kurzaufenthalterinnen und -aufenthalter haben Anspruch auf Haushaltungszulage, falls:

- ihr Ehegatte ebenfalls Kurzaufenthalter ist, und
- sie zusammen einen gemeinsamen Haushalt führen, oder
- sie zusammen in Hausgemeinschaft mit dem Arbeitgebenden leben.

Der Anspruch besteht auch dann, wenn der Ehegatte ausserhalb der Landwirtschaft erwerbstätig ist.

Wenn die Familienangehörigen im Ausland leben, werden nur die Kinderzulagen ausgerichtet. Wohnen sie jedoch in einem EU- oder EFTA-Mitgliedstaat, so wird auch die Haushaltungszulage ausgerichtet.

Der Anspruch auf Zulagen beginnt und endet gleichzeitig mit dem Lohnanspruch.

## *9.3 Kosten / Beiträge*

### *9.3.1 Bundesgesetz über die Familienzulagen*

Der Arbeitgeberbeitrag richtet sich nach den Bestimmungen des kantonalen Familienzulagengesetzes. Von der Beitragspflicht kann der Lohn des im Betrieb mitarbeitenden Ehegatten (bei Einzelfirmen und Personengesellschaften) ausgenommen werden.
Der Beitrag schuldet der Arbeitgebende unabhängig davon, ob Familienzulagen ausgerichtet werden. Die Zulagen werden in der Regel mit den FAK-, beziehungsweise den AHV/IV/EO-Beiträgen verrechnet.

Selbständigerwerbende müssen Beiträge an die Familienzulagen bezahlen und zwar vom AHV-pflichtigen Erwerbseinkommen bis zum Höchstlohn gemäss Bundesgesetz über die Unfallversicherung.

Für Nichterwerbstätige sieht das Familienzulagengesetz keine Beitragspflicht vor (die Zulagen werden von den Kantonen aus den Steuererträgen finanziert), die Kantone können aber eine Beitragspflicht einführen.

### *9.3.2 Familienzulagen in der Landwirtschaft*

Die Familienzulagen an landwirtschaftliche Arbeitnehmende werden teilweise von den Arbeitgebenden finanziert: Diese bezahlen 2% der Bar- und Naturallöhne (gemäss AHV-Beitragspflicht).

Der Restbetrag sowie der Aufwand für die Kinder- und Haushaltzulagen für die übrigen versicherten Personen werden vom Bund (2/3) und den Kantonen (1/3) getragen.

## 9.4 Meldewesen

### 9.4.1 Kantonale Familienzulagen

Arbeitnehmende melden Änderungen via ihren Arbeitgebenden der zuständigen Familienausgleichskasse. Falls Selbständigerwerbende Anspruch auf Familienzulagen haben, melden sie die Änderungen direkt der zuständigen Familienausgleichskasse. Die kantonale Familienausgleichskasse ist für Nichterwerbstätige mit Anspruch auf Familienzulagen zuständig.

Folgende Änderungen haben einen Einfluss auf den Anspruch oder auf die Zahlung der Familienzulagen:

- Antritt, Ende des Arbeitsverhältnisses;
- Geburt eines Kindes;
- Beginn oder Ende einer Ausbildung von Kindern;
- Anspruch auf Familienzulagen des Wohnsitzstaates (Grenzgänger);
- Änderung, welcher Elternteil den Anspruch (neu) geltend macht;
- Tod eines Kindes in Ausbildung unter 25 Jahren;
- Aufnahme, Änderung oder Beendigung einer Erwerbstätigkeit;
- Änderung der Zahlungsverbindung.

### 9.4.1 Familienzulagen in der Landwirtschaft

Grundsätzlich gelten die gleichen zu meldenden Ereignisse wie bei den kantonalen Familienzulagen. Da aber zusätzlich Haushaltzulagen ausgerichtet werden, müssen Änderungen des Wohnortes via Landwirt (Arbeitgebender) gemeldet werden.

## 9.5 *Zahlen zu den Familienzulagen*

| **Auszahlungen** (in Mio.) | **2000** | **2005** | **2010** | **2011** | **2012** |
|---|---|---|---|---|---|
| Total | 3751 | 4176 | 4981 | 5047 | 5229 |
| davon FZ in der Landwirtschaft | 136 | 122 | 147 | 140 | 136 |

| **Anzahl Bezüger im Jahr 2012** (in 1000) | | | |
|---|---|---|---|
| **Arbeitnehmende** | **Kinderzulagen** | **Ausbildungszulagen** | **andere Zulagen** |
| 932,8 | 1215,4 | 387,2 | 23,8 |
| **Selbständigerwerbende** | **Kinderzulagen** | **Ausbildungszulagen** | **andere Zulagen** |
| 15,6 | 19,0 | 8,1 | 0,4 |
| **Nichterwerbstätige:** | **Kinderzulagen** | **Ausbildungszulagen** | **andere Zulagen** |
| 10,3 | 13,7 | 3,5 | 0,9 |

Quelle: Schweizerische Sozialversicherungsstatistik 2014

## 10. Berufliche Vorsorge (BV)

Das Bundesgesetz über die berufliche Alters-, Hinterlassenen- und Invalidenvorsorge hält Mindestvorschriften fest. Die Pensionskasse eines Arbeitgebenden kann in ihrem Reglement zugunsten der versicherten und anspruchsberechtigten Personen weitergehende Bestimmungen enthalten. Die nachfolgenden Ausführungen beziehen sich auf die Mindestbestimmungen des BVG.

### 10.1 Versicherte Personen

#### *10.1.1 Obligatorisch zu versichernde Personen*

Obligatorisch zu versichern sind AHV-pflichtige Arbeitnehmende, deren AHV-Jahreslohn Fr. 21 150.– übersteigt (entspricht 75% der maximalen AHV-Altersrente, Stand 2016), und zwar:

- ab 1. Januar nach Vollendung des 17. Altersjahres für die Risiken Tod und Invalidität; und
- ab 1. Januar nach Vollendung des 24. Altersjahres bis zum 64. Altersjahr (Frauen)/65. Altersjahr (Männer) für die Risiken Alter, Tod und Invalidität.

*Beginn*

Bei Antritt des Arbeitsverhältnisses.

*Ende*

Bei Auflösung des Arbeitsverhältnisses, bei Unterschreiten des Mindestjahreslohnes (Fr. 21 150.– auf 2016 bezogen) oder bei Entstehen des Anspruchs auf Altersleistungen.

Nach Beendigung des Arbeitsverhältnisses besteht für die Risiken Tod und Invalidität während längstens eines Monats eine Nachdeckung, falls der Arbeitnehmende nicht sofort eine neue Arbeitsstelle antritt.

#### *10.1.2 Freiwillige Versicherung*

Der Arbeitgebende kann sich freiwillig der Pensionskasse seiner Arbeitnehmenden anschliessen.

Selbständigerwerbende ohne Personal können sich der Pensionskasse ihres Berufsverbandes oder der Stiftung Auffangeinrichtung BVG anschliessen.

Arbeitnehmer, die der obligatorischen Versicherung nicht unterstehen, können sich freiwillig versichern lassen. Dies ist möglich bei der Stiftung Auffangeinrichtung BVG oder bei der Pensionskasse ihres Arbeitgebenden, sofern deren Reglement eine freiwillige Versicherung vorsieht.

*10.1.3 Berufliche Vorsorge von arbeitslosen Personen*

Arbeitslose Personen, welche die Anspruchsvoraussetzungen für Taggelder der Arbeitslosenversicherung erfüllen und deren koordinierter Tageslohn höher ist als der auf einen Tag umgerechnete Koordinationsabzug, sind für die Risiken Tod und Invalidität obligatorisch versichert. Die Versicherung beginnt nach Ablauf der Wartezeit und endet wenn der Anspruch auf Arbeitslosenentschädigung beendet ist (keine Nachdeckung).

## 10.2 Versicherter Verdienst

Obligatorisch zu versichern ist der Teil des AHV-Jahreslohnes zwischen Fr. 21 150.– und Fr. 84 600.–. Von diesem Lohn wird ein Koordinationsabzug in der Höhe von Fr. 24 675.– abgezogen (entspricht 87.5% der maximalen AHV-Altersrente). Der minimale versicherte Lohn beträgt Fr. 3525.–, der maximale versicherte Lohn Fr. 59 925.–. Auf Beschluss des Bundesrates werden die Grenzbeträge (in der Regel jeweils bei Anpassung der AHV/IV-Renten) an die Lohn- und Preisentwicklung erhöht.
Für Personen, die im Sinne des IVG zu einem Viertel, zur Hälfte oder zu drei Vierteln invalid sind, werden die Grenzbeträge um ein Viertel, um die Hälfte oder um drei Viertel reduziert, wobei der Mindestbetrag des versicherten Lohnes nicht gekürzt wird.

Beispiel 1:

AHV-Jahreslohn: Fr. 71 500.–
Koordinationsabzug: Fr. 24 675.–
Versicherter BVG-Lohn: Fr. 46 825.–

Beispiel 2:

AHV-Jahreslohn: Fr. 21 500.–
Koordinationsabzug: Fr. 24 675.–
Versicherter BVG-Lohn: Fr. 3 525.– (minimaler versicherter BVG-Lohn, da der AHV-pflichtige Lohn höher ist als der untere Grenzlohn).

## 10.3 Leistungen

### 10.3.1 Altersrente

Die Höhe der jährlichen Altersrente berechnet sich aus dem im Alter 64/65 vorhandenen Altersguthaben, multipliziert mit dem Umwandlungssatz von 6,8%. Das Altersguthaben wird aus den jährlichen Altersgutschriften samt Zinsen und aus den eingebrachten Freizügigkeitsleistungen samt Zinsen gebildet.

Die Altersgutschriften werden jährlich in Prozenten des koordinierten Lohnes berechnet und zwar in Abhängigkeit zum erreichten Alter:

- ab 25: 7%
- ab 35: 10%
- ab 45: 15%
- ab 55: 18% (bis zum ordentlichen AHV-Alter).

Wird nach Erreichen des ordentlichen AHV-Alters weiterhin eine Erwerbstätigkeit ausgeübt und ein Lohn erzielt, der zu einer BVG-Unterstellung führt, werden weiterhin Altersgutschriften von 18% des koordinierten Lohnes erhoben.

Der Mindestzinssatz für die Verzinsung des Altersguthabens wird vom Bundesrat fest-gelegt, beträgt der Zinssatz 2. 5% (bisherige Zinssätze: bis 31.12.2002: 4%; im 2003: 3,25%; im 2004: 2,25%; 2005–2007: 2,5%, 2008: 2,75%, 2009–2011: 2,0%, 2012–2013: 1,5%, 2014 und 2015: 1,75%; ab 2016: 1,25%).

Anstelle der Altersrenten kann auf Anfrage der versicherten Person ein Viertel des Altersguthabens in Kapitalform bezogen werden. Je nach der im Reglement festgehaltenen Bestimmungen kann, unter Wahrung einer Voranmeldefrist von drei Jahren, anstelle von Altersrenten ein Alterskapital bezogen werden (Kapitaloption).

### 10.3.2 Invalidenrente

Die Höhe der vollen Invalidenrente berechnet sich aus der mit 6,8% multiplizierten Summe des vorhandenen Altersguthabens plus dem Total der künftigen unverzinsten Altersgutschriften. Ab 40% Erwerbsunfähigkeit besteht ein Anspruch auf eine Viertelsrente, ab 50% auf eine halbe Invalidenrente, ab 60% auf eine Dreiviertelsrente und ab einer Erwerbsunfähigkeit von mindestens 70% auf eine volle Invalidenrente.

Bei Versicherten, die eine Invalidenrente aus der obligatorischen beruflichen Vorsorge von arbeitslosen Personen beziehen, endet die Rentenzahlung mit Erreichen des ordentlichen AHV-Alters (dann wird spätestens die Freizügigkeitsleistung fällig).

*10.3.3 Witwenrente / Witwerrente*

Der überlebende Ehepartner – gilt auch für einen hinterlassenen Partner einer eingetragenen gleichgeschlechtlichen Partnerschaft – hat Anspruch auf eine Witwen- oder Witwerrente, wenn sie respektive er beim Tod des Ehepartners, resp. «eingetragenen» Partners:

- für den Unterhalt von mindestens einem Kind aufkommen muss

oder

- älter als 45 Jahre ist und die Ehe resp. eingetragene Partnerschaft mindestens 5 Jahre gedauert hat.

Der überlebende Ehepartner resp. überlebende Partner, der keine der Voraussetzungen erfüllt, hat Anspruch auf eine einmalige Abfindung in der Höhe von 3 Jahresrenten (Art. 19 Abs. 2 BVG).

Der Leistungsanspruch für Witwen und Witwer erlischt mit der Wiederverheiratung resp. einer neuen eingetragenen gleichgeschlechtlichen Partnerschaft oder mit dem Tod der Witwe oder des Witwers resp. des Partners.

Der geschiedene Ehepartner resp. der Partner nach einer aufgelösten eingetragenen Partnerschaft ist nach dem Tod des früheren Ehepartners resp. des eingetragenen Partners der Witwe oder dem Witwer gleichgestellt, sofern:

- die Ehe resp. eingetragene Partnerschaft mindestens 10 Jahre gedauert hat

und

- dem geschiedenen Ehepartner resp. dem früheren eingetragenen Partner im Scheidungsurteil resp. Auflösungsurteil eine Rente oder eine Kapitalabfindung für eine lebenslange Rente zugesprochen wurde.

  Die Versicherungsleistungen können jedoch um jenen Betrag gekürzt werden, um den sie zusammen mit Leistungen der übrigen Versicherungen, insbesondere der AHV und IV, den Anspruch aus dem Scheidungsurteil resp. Auflösungsurteil übersteigen.

*10.3.4 Kinderrenten*

(Waisenrenten bzw. Zusatzrenten zur Invaliden- oder Altersrente)
Die Kinderrenten betragen 20% der Invalidenrente bzw. der Altersrente. Anspruchsberechtigte Kinder dürfen das 18. Altersjahr noch nicht vollendet bzw. die Ausbildung noch nicht abgeschlossen haben oder mindestens zu 2/3 invalid sein. Die Anspruchsberechtigung von Kindern in Ausbildung besteht längstens bis zur Vollendung des 25. Altersjahres.

*10.3.5 Teuerungsausgleich auf laufenden Renten*

Die Invaliden- und Hinterlassenenrenten, deren Laufzeit 3 Jahre überschritten hat, sind gemäss Anordnung des Bundesrates der Preisentwicklung anzupassen. Die Anpassung erfolgt längstens bis Alter 64 (Frauen) bzw. 65 (Männer). Die Pensionskasse hat im Rahmen ihrer finanziellen Möglichkeiten über die Anpassung der laufenden Renten in den übrigen Fällen zu entscheiden.

*10.3.6 Freizügigkeitsleistung*

Bei Beendigung des Arbeitsverhältnisses und damit verbunden dem Austritt aus der Pensionskasse, hat die versicherte Person Anspruch auf eine Freizügigkeitsleistung. Voraussetzung ist, dass während der Versicherungsdauer Altersgutschriften angespart worden sind (keinen Anspruch auf Freizügigkeitsleistungen haben Personen, die schon eine Invalidenleistung der Pensionskasse beziehen; bei teilinvaliden Personen besteht nur ein Anspruch auf Freizügigkeitsleistung im Umfang der Resterwerbsfähigkeit). Die Freizügigkeitsleistung wird an die Pensionskasse des neuen Arbeitgebenden überwiesen. Ist kein neuer Arbeitgebender vorhanden, muss die versicherte Person der bisherigen Pensionskasse mitteilen, ob die Freizügigkeitsleistung auf ein Freizügigkeitskonto oder in eine Freizügigkeitspolice überwiesen werden soll. Unterlässt die versicherte Person die Mitteilung, wird die Freizügigkeitsleistung an die Stiftung Auffangeinrichtung BVG überwiesen. Eine Barauszahlung der Freizügigkeitsleistung ist nur möglich, wenn eine selbständige Erwerbstätigkeit (als Haupterwerb) aufgenommen wird (innert eines Jahres; Bestätigung der AHV-Ausgleichskasse notwendig) oder wenn die versicherte Person die Schweiz verlässt und in kein EU-Mitgliedsland auswandert.

*10.3.7 Mittel für Wohneigentum*

Die Mittel der beruflichen Vorsorge dürfen verwendet werden für:

- den Erwerb und die Erstellung von Wohneigentum;
- die Beteiligung am Wohneigentum (namentlich Stockwerkeigentum) der versicherten Person (auch zu gesamter Hand mit dem Ehegatten);
- die Rückzahlung von Hypothekardarlehen;
- den Erwerb von Anteilscheinen an Wohngenossenschaften;
- den Erwerb von Aktien einer Mieter-Aktiengesellschaft;
- die Gewährung eines Darlehens an einen gemeinnützigen Wohnbauträger.

Bei verheirateten Personen ist die Zustimmung beider Ehepartner notwendig.

Die Wohneigentumsförderung kann von allen aktiv versicherten Personen bis spätestens 3 Jahre vor der ordentlichen Pensionierung beansprucht werden und zwar alle fünf Jahre.

*Vorbezug*

Unter Vorbezug wird die Barauszahlung von Vorsorgegeldern verstanden. Eine versicherte Person, die gemäss BVG als Vollinvalide anerkannt worden ist oder dessen Anerkennung bevorsteht, hat keinen Anspruch auf einen Vorbezug. Bezüger einer Teilinvalidenrente können dagegen einen Betrag ihres Vorsorgeguthabens beziehen. Bei verheirateten Paaren und Paaren einer eingetragenen Partnerschaft ist die Unterschrift des Ehepartners resp. des anderen Partners notwendig.

Höhe des Vorbezugs:

Der Vorbezug ist wie folgt beschränkt:

- für unter 50-Jährige auf einen Betrag, der so hoch ist wie die gesamte Freizügigkeitsleistung;
- für über 50-Jährige entweder auf den Freizügigkeitsanspruch im Alter 50 oder auf die Hälfte des aktuellen Freizügigkeitsanspruchs, je nachdem, welcher Betrag höher ausfällt.

Der Mindestbetrag pro Vorbezug beträgt 20›000 Franken.

Beim Erwerb von Anteilscheinen an Wohnbaugenossenschaften und ähnlichen Beteiligungen gilt dieser Mindestbetrag nicht. Ebenso gilt dieser Mindestbetrag nicht für Ansprüche aus Freizügigkeitspolicen oder -konti.

*Verpfändung*

Der Anspruch auf Vorsorgeleistungen oder einen Betrag der Freizügigkeitsleistung kann verpfänden werden. Dadurch können höhere Darlehensbeträge und/oder günstigere Zins- respektive Amortisationskonditionen erreicht werden.

Die Verpfändung bedarf zu ihrer Gültigkeit der schriftlichen Anzeige an die Pensionskasse. Ist die versicherte Person verheiratet oder lebt in einer eingetragenen Partnerschaft, ist die Verpfändung nur zulässig, wenn der Ehepartner resp. der eingetragene Partner schriftlich zustimmt.

Höhe der Verpfändung:

Die Höhe der verpfändeten Freizügigkeitsleistung ist auf den Zeitpunkt der Pfandverwertung wie folgt beschränkt:

- für unter 50-Jährige auf einen Betrag, der so hoch ist wie die gesamte Freizügigkeitsleistung im Zeitpunkt der Pfandverwertung;
- für über 50-Jährige entweder auf den Freizügigkeitsanspruch im Alter 50 oder auf die Hälfte des aktuellen Freizügigkeitsanspruchs, je nachdem, welcher Betrag höher ausfällt.

Für die Verpfändung des Anspruchs auf Vorsorgeleistungen ist im Gesetz kein Höchstbetrag erwähnt.

*10.3.8 Scheidung/Auflösung der eingetragenen Partnerschaft*

Im Scheidungsfall resp. bei Auflösung der eingetragenen gleichgeschlechtlichen Partnerschaft haben die geschiedenen Ehepartner resp. die ehemaligen eingetragenen Partner gegenseitig das Anrecht auf die Hälfte des während den Ehejahren resp. den Jahren der eingetragenen Partnerschaft geäufneten Altersguthabens.

### 10.3.9 Wichtige Masszahlen gemäss BVG

| | 2014 | | 2015 | |
|---|---|---|---|---|
| **Masszahl** | **Männer: 65** | **Frauen: 64** | **Männer: 65** | **Frauen: 64** |
| Altersguthaben: | | | | |
| Mindestbetrag | Fr. 18629 | Fr. 19389 | Fr. 19215 | Fr. 19858 |
| in % des koord. Lohnes | 530,7% | 552,4% | 545,1% | 563,3% |
| Maximalbetrag | Fr. 304692 | Fr. 316859 | Fr. 314825 | Fr. 324992 |
| in % des koord. Lohnes | 510,6% | 531,0% | 525,4% | 542,3% |
| Altersrente | | | | |
| Umwandlungssatz | 6.80% | 6.80% | 6.80% | 6.80% |
| minimale jährliche Rente | Fr. 1267 | Fr. 1318 | Fr. 1307 | Fr. 1350 |
| in % des koord. Lohnes | 36,1% | 37,6% | 37,1% | 38,3% |
| maximale jährliche Rente | Fr. 20719 | Fr. 21546 | Fr. 21408 | Fr. 22099 |
| in % des koord. Lohnes | 34,7% | 36,1% | 35,7% | 36,9% |
| Witwen-/Witwerrente | | | | |
| minimale jährliche Rente | Fr. 760 | Fr. 791 | Fr. 784 | Fr. 810 |
| maximale jährliche Rente | Fr. 12431 | Fr. 12928 | Fr. 12845 | Fr. 13260 |

Quelle: BSV: Mitteilungen über die berufliche Vorsorge

## *10.4 Kosten/Beiträge*

Die Gesamtkosten setzen sich aus den Altersgutschriften, den Risikoprämien, den Beiträgen an den Sicherheitsfonds, für Sondermassnahmen, sowie für den Teuerungsausgleich zusammen.
Die Finanzierung erfolgt durch Arbeitgeber- und Arbeitnehmerbeiträge. Der Gesamtbetrag des Arbeitgebenden muss mindestens gleich hoch sein wie die gesamten Beiträge aller versicherten Arbeitnehmenden.

## *10.5 Meldewesen*

Der Meldefluss von allen aktiven, versicherten Personen an die Pensionskasse erfolgt via Arbeitgebenden.
Personen, die Leistungen der Pensionskasse beziehen, melden Änderungen direkt der Pensionskasse, so zum Beispiel:
- Änderung der Zahladresse;
- Änderung der Wohnadresse;
- Geburt eines Kindes;

- Beginn oder Ende einer Ausbildung von Kindern;
- Tod eines Kindes in Ausbildung unter 25 Jahren.

Hinterlassene melden den Tod einer Rentnerin oder eines Rentner direkt der Pensionskasse.

## *10.6 Zahlen zur beruflichen Vorsorge*

| **Ausgaben** (in Mio.) | **1990** | **1995** | **2000** | **2005** | **2010** | **2011** | **2012** | **2013** |
|---|---|---|---|---|---|---|---|---|
| Renten und Kapitalleistungen | 8737 | 14139 | 20236 | 25357 | 30912 | 31628 | 32657 | 33228 |
| ***Leistungsbezüger*** | | | | | | | | |
| Altersrenten | | | 413080 | 488218 | 599856 | 621780 | 645702 | 670411 |
| Witwen- und Witwerrenten | | | 150044 | 163634 | 177311 | 179991 | 182339 | 184499 |
| Waisen- und Kinderrente | | | 54271 | 74051 | 68631 | 67804 | 66673 | 66216 |
| Invalidenrenten | | | 102504 | 133371 | 133163 | 132139 | 131150 | 131708 |

Quelle: BSV: Kennzahlen: Berufliche Vorsorge

Die Zunahme der Ausgaben ist einerseits mit dem Inkrafttreten der obligatorischen beruflichen Vorsorge (für Arbeitnehmende) per 1.1.1985 und andererseits mit der Zunahme der Anzahl IV-Fälle zu erklären.

## *10.7 BVG-Grenzbeträge seit Inkrafttreten des Bundesgesetzes*

| Jahr | Einstiegslohn für die Unterstellung | Koordinations-abzug | Maximal versicherbarer Jahreslohn | Mindesthöhe des versicherten Lohnes |
|---|---|---|---|---|
| 1985 | Fr. 16 560.– | Fr. 16 560.– | Fr. 49 680.– | Fr. 2 070.– |
| 1986 | Fr. 17 280.– | Fr. 17 280.– | Fr. 51 840.– | Fr. 2 160.– |
| 1988 | Fr. 18 000.– | Fr. 18 000.– | Fr. 54 000.– | Fr. 2 250.– |
| 1990 | Fr. 19 200.– | Fr. 19 200.– | Fr. 57 600.– | Fr. 2 400.– |
| 1992 | Fr. 21 600.– | Fr. 21 600.– | Fr. 64 800.– | Fr. 2 700.– |
| 1993 | Fr. 22 560.– | Fr. 22 560.– | Fr. 67 680.– | Fr. 2 820.– |
| 1995 | Fr. 23 280.– | Fr. 23 280.– | Fr. 69 840.– | Fr. 2 910.– |
| 1997 | Fr. 23 880.– | Fr. 23 880.– | Fr. 71 640.– | Fr. 2 985.– |
| 1999 | Fr. 24 120.– | Fr. 24 120.– | Fr. 72 360.– | Fr. 3 015.– |
| 2001 | Fr. 24 720.– | Fr. 24 720.– | Fr. 74 160.– | Fr. 3 090.– |
| 2003 | Fr. 25 360.– | Fr. 25 360.– | Fr. 75 960.– | Fr. 3 170.– |
| 2005 | Fr. 19 350.– | Fr. 22 575.– | Fr. 77 400.– | Fr. 3 225.– |
| 2007 | Fr. 19 890.– | Fr. 23 205.– | Fr. 79 560.– | Fr. 3 315.– |
| 2009 | Fr. 20 520.– | Fr. 23 940.– | Fr. 82 080.– | Fr. 3 420.– |
| 2011 | Fr. 20 880.– | Fr. 24 360.– | Fr. 83 520.– | Fr. 3 480.– |
| 2013 | Fr. 21 060.– | Fr. 24 570.– | Fr. 84 240.– | Fr. 3 510.– |
| 2015 | Fr. 21 150.– | Fr. 24 675.– | Fr. 84 600.– | Fr. 3 525.– |

# 11. Arbeitslosenversicherung (ALV)

## 11.1 Versicherte Personen

### 11.1.1 Arbeitslosenentschädigung

Zwei Personengruppen können Anspruch auf Leistungen aus der Arbeitslosenversicherung haben:

- Personen, welche die Beitragspflicht erfüllen (Art. 13 AVIG) und
- Personen, die von der Erfüllung der Beitragspflicht befreit sind (Art. 14 AVIG).

Die Beitragspflicht ist erfüllt, wenn eine Person in den zwei Jahren vor dem Beginn der Anspruchsberechtigung mindestens 12 Monate als Arbeitnehmender nachweisen kann.

Von der Erfüllung von der Beitragspflicht befreit sind folgende Personen:

- die während mindestens 12 Monaten wegen Schule, Umschulung, Weiterbildung; Krankheit, Unfall oder Mutterschaft; Aufenthalt in einer schweizerischen Haft- oder Arbeitserziehungsanstalt keine Arbeitnehmertätigkeit ausüben konnten (Verhinderungsgründe nach Art. 14 Abs. 1 AVIG), oder
- bei denen längstens vor 12 Monaten eines der nachfolgenden Ereignisse eintrat Trennung, Scheidung der Ehe resp. bei der Auflösung der eingetragenen gleichgeschlechtlichen Partnerschaft; Invalidität oder Tod des Ehepartners resp. des eingetragenen Partners; Wegfall der Invalidenrente (andere Lebensumstände nach Art. 14 Abs. 2 AVIG) und deshalb gezwungen sind, eine unselbständige Erwerbstätigkeit aufzunehmen oder zu erweitern, oder
- mit Schweizer Bürgerrecht aus dem Ausland zurückkehrt und nach mehr als einem Jahr Erwerbstätigkeit im Ausland (Art. 14 Abs. 3 AVIG)

### 11.1.2 Insolvenzentschädigung

Arbeitnehmende, die bei einem Arbeitgebenden beschäftigt sind, der zusammen mit den AHV/IV/EO-Beiträgen Beiträge an die Arbeitslosenversicherung entrichten muss und der in der Schweiz der Zwangsvollstreckung unterliegt sowie Arbeitnehmende eines Arbeitgebenden, der in der Schweiz Arbeitnehmende beschäftigt, haben Anspruch auf Insolvenzentschädigung, wenn:

- gegen ihren Arbeitgebenden der Konkurs eröffnet wurde und Ihnen in diesem Zeitpunkt ein Lohnanspruch zusteht (massgebend ist die Veröffentlichung des Konkurses im Schweizerischen Handelsamtsblatt); oder
- sie gegen ihren Arbeitgebenden für Lohnforderungen das Pfändungsbegehren gestellt haben (massgebend ist die Mitteilung des Pfändungsvollzugs resp. die Zustellung der Pfändungsurkunde); oder
- der Konkurs nur deswegen nicht eröffnet wird, weil sich infolge offensichtlicher Überschuldung des Arbeitgebenden kein Gläubiger bereitfindet, die Kosten vorzuschiessen (massgebend ist das formelle Nichteintreten des Konkursgerichts auf das Konkursbegehren bzw. der Nichteröffnungsbeschluss des Konkurses).

Keinen Anspruch auf Insolvenzentschädigung haben Personen, die in ihrer Eigenschaft als Gesellschafter, als finanziell am Betrieb Beteiligte oder als Mitglieder des obersten betrieblichen Entscheidungsgremiums die Entscheidungen des Arbeitgebenden bestimmen oder massgeblich beeinflussen können, sowie ihre mitarbeitenden Ehegatten resp. eingetragenen gleichgeschlechtlichen Partner.

Es besteht kein Anspruch auf Insolvenzentschädigung für Lohnforderungen nach der Nachlassstundung oder nach dem richterlichen Konkursaufschub, unabhängig vom Zeitpunkt des tatsächlichen Ausscheidens aus dem Betrieb. Hingegen besteht ein Anspruch auf Insolvenzentschädigung, wenn die versicherte Person definitiv aus dem Betrieb ausscheidet. Gedeckt sind dann die Lohnforderungen für die letzten vier Monate vor der Gewährung der Nachlassstundung oder des richterlichen Konkursaufschubes.

Grenzgänger können ebenfalls ihre Ansprüche für die letzten vier Monate des Arbeitsverhältnisses als Insolvenzentschädigung geltend machen.

#### *11.1.3 Kurzarbeits- und Schlechtwetterentschädigung*

Bei der Kurzarbeits- und Schlechtwetterentschädigung wird umgekehrt definiert, wer keinen Anspruch auf Entschädigungen hat.

Keinen Anspruch auf Kurzarbeits- oder Schlechtwetterentschädigung haben:

- Gesellschafter;
- Personen, die am Betrieb finanziell beteiligt sind oder als Mitglied eines obersten Entscheidungsgremiums die Entscheidungen des Arbeitgebenden bestimmen oder massgeblich beeinflussen können;
- Lehrlinge;
- der mitarbeitende Ehegatte, resp. eingetragene Partner;
- Personen, deren Arbeitsausfall nicht bestimmbar ist;
- Arbeitnehmende in befristeten Anstellungsverhältnissen (Temporär und Saisonier);

Ist der Arbeitsausfall auf eine kollektive Arbeitsstreitigkeit zurückzuführen, besteht ebenfalls kein Anspruch auf Kurzarbeits- oder Schlechtwetterentschädigung.

Keinen besteht kein Anspruch auf Kurzarbeitsentschädigung bei:

- Arbeitnehmenden in gekündigtem Arbeitsverhältnis (der Arbeitgebende muss ihnen den vollen Lohn zahlen und zwar auch, wenn die eine oder andere Partei erst nach Einführung der Kurzarbeit gekündigt hat; in diesen Fällen geht es nicht mehr darum, Arbeitsplätze zu sichern);
- Lehrlingen;
- Kurzaufenthalter
- Personen mit Arbeit auf Abruf.

### *11.2 Versicherter Verdienst*

Die Höhe des versicherten Verdienstes richtet sich bei der Arbeitslosenentschädigung nach den Bestimmungen der AHV. Er muss einerseits höher sein als der Mindestbetrag von Fr. 500.– im Monat und ist andererseits auf den Höchstbetrag gemäss Unfallversicherungsgesetz (UVG) beschränkt, zurzeit Fr. 12 350.– im Monat resp. Fr. 148 200.– im Jahr.

Für die Arbeitslosenentschädigung von Personen, die von der Erfüllung der Beitrags-zeit befreit sind, gelten für die Bestimmung des versicherten Verdienstes Pauschalansätze, die von der Ausbildung der antragstellenden Person abhängig sind.

Bei Personen mit Anspruch auf Insolvenzentschädigung oder Kurzarbeits- und Schlechtwetterentschädigung wird der AHV-pflichtige Lohn bis zur UVG-Höchstgrenze berücksichtigt.

## *11.3 Leistungen*

### *11.3.1 Arbeitslosenentschädigung*

Höhe des Taggeldes

Die Höhe des Taggeldes beträgt 70% oder 80% (Art. 22 Abs. 1 und 2 AVIG) des versicherten Verdienstes (der Monatsbetrag des versicherten Verdienstes wird mit dem Faktor 21.7 dividiert: Tagesverdienst Art. 40a AVIV).

Der Prozentsatz von 70% gilt (Art. 22 Abs. 2 AVIG), wenn die versicherte Person:

- keine Unterhaltspflicht gegenüber Kindern unter 25 Jahren hat,
- ein volles Taggeld erreicht, das höher ist als Fr. 140.–, und keine IV-Rente bezieht (IV-Grad von mindesten 40%).

Wenn ein Anspruch auf Kinderzulagen besteht, werden diese von der Arbeitslosenkasse zusätzlich zum Taggeld ausgerichtet.

*Anzahl Taggelder*

Bei der Bestimmung der Anzahl Taggelder wird unterschieden, ob eine versicherte Personen die Beitragspflicht erfüllt hat oder von der Erfüllung der Beitragspflicht befreit war:

| **Beitragspflicht erfüllt** | **Zusatzbedingung** | **Höchstanspruch** |
|---|---|---|
| 12 Beitragsmonate | unter 25 Jahre alt und ohne Unterhaltspflichten gegenüber Kindern | 200 |
| 12 Beitragsmonate | keine Altersbedingung | 260 |
| 18 Beitragsmonate | keine Altersbedingung | 400 |
| 22 Beitragsmonate | über 55 Jahre alt oder Bezug einer IV-Rene | 520 |
| Von der Beitragspflicht befreit | keine Altersbedingung | 90 |

*Wartezeit bis zum ersten Taggeld*

Hat sich eine Person bei der Arbeitslosenversicherung angemeldet und erfüllt sie die Anspruchsvoraussetzungen, hat sie eventuell eine gewisse Anzahl Wartetage zu bestehen. Diese Wartezeit ist nur einmal zu Beginn der Arbeitslosigkeit, resp. des Leistungsanspruchs zu bestehen. Es wird unterschieden zwischen allgemeinen und besonderen Wartetagen.

## Allgemeine Wartetage:

| Versicherter Verdienst (gilt auch für Pauschalansätze) | Bedingungen | Wartezeit in Tagen | Rechtliche Grundlage |
|---|---|---|---|
| bis Fr. 3000.– | unabhängig von der Unterhaltspflicht gegenüber Kinder | 0 | Art. 18 Abs. 1bis AVIG, Art. 6a Abs. 2 AVIV |
| zwischen Fr. 3001.– und Fr. 5000.– | mit Unterhaltspflicht gegenüber Kinder | 0 | Art. 18 Abs. 1bis AVIG, Art. 6a Abs. 3 AVIV |
| zwischen Fr. 3001.– und Fr. 5000.– | ohne Unterhaltspflicht gegenüber Kinder | 5 | Art. 18 Abs. 1 AVIG |
| ab Fr. 5001.– | mit Unterhaltspflicht gegenüber Kinder | 5 | Art. 18 Abs. 1 AVIG |
| zwischen Fr. 5001.– und Fr. 7500.– | ohne Unterhaltspflicht gegenüber Kinder | 10 | Art. 18 Abs. 1 AVIG |
| zwischen Fr. 7501.– und Fr. 10416.– | ohne Unterhaltspflicht gegenüber Kinder | 15 | Art. 18 Abs. 1 AVIG |
| ab Fr. 10417.– | ohne Unterhaltspflicht gegenüber Kinder | 20 | Art. 18 Abs. 1 AVIG |

Spezialfall: Saisontätigkeit, Beruf mit häufig wechselnden oder befristeten Anstellungen: ein allgemeiner Wartetag.

## Besondere Wartetage

| *Bedingungen* | *Wartetage* | *Rechtliche Grundlage* |
|---|---|---|
| Beitragsbefreit (Ausbildung) | + 120 | betrifft Personen mit Anspruch aufgrund von Art. 14 Abs. 1 Bst. a alleine oder in Verbindung mit Bst. b & c AVIG: Art. 6 Abs. 1 AVIV |
| Beitragsbefreit aufgrund von:<br>– Trennung,<br>– Scheidung,<br>– Wegfall der IV-Rente, etc.<br>– Rückkehrende Auslandschweizer ausserhalb EU-/EFTA-Raum | + 5 | betrifft Personen mit Anspruch aufgrund von Art. 14 Abs. 1 Bst. b & c AVIG und Art. 14 Abs. 2 & 3 AVIG: Art. 6 Abs. 2 AVIV |

*Schadenminderungspflicht*
Die anspruchsberechtigte Person muss alles Zumutbare unternehmen, um Arbeitslosigkeit zu vermeiden oder zu verkürzen. Insbesondere ist sie verpflichtet, Arbeit zu suchen, nötigenfalls auch ausserhalb des bisherigen Berufes, und die Bemühungen nachweisen. Einkommen aus einer unselbständigen und/oder selbständigen Erwerbstätigkeit sind meldepflichtig und werden als Zwischenverdienst zum mindestens orts- und berufsüblichen Ansatz für die betreffende Arbeit angerechnet. Die anspruchsberechtigte Person muss die Kontrollvorschriften erfüllen. Sie muss sicherstellen, dass sie innert Tagesfrist erreicht werden kann. Das Kontrollgespräch findet monatlich beim regionalen Arbeitsvermittlungszentrum (RAV) statt. Dadurch wird der Anspruch auf die Taggelder des entsprechenden Monats geltend gemacht. Der Anspruch erlischt, wenn er nicht innert dreier Monate nach dem Ende der Kontrollperiode, auf die er sich bezieht, geltend gemacht wird.

*Zwischenverdienst*
Die versicherte Person muss im Rahmen der Schadenminderung zumutbare Arbeitsstellen suchen und annehmen. Ist das Einkommen finanziell betrachtet kleiner als der Monatsbetrag der Arbeitslosenversicherungsentschädigung, hat die versicherte Person Anspruch auf Anrechnung dieses Einkommens als Zwischenverdienst. Als Zwischenverdienst gilt jedes Einkommen aus unselbständiger oder selbständiger Erwerbstätigkeit, das die arbeitslose Person innerhalb einer Kontrollperiode (= Kalendermonat) erzielt. Die versicherte Person hat Anspruch auf Ersatz des Verdienstausfalls. Als Verdienstausfall gilt die Differenz zwischen dem in der Kontrollperiode erzielten Zwischenverdienst, mindestens aber dem berufs- und ortsüblichen Ansatz für die betreffende Arbeit, und dem versicherten Verdienst. Ein (bisher ausgeübter) Nebenerwerb bleibt unberücksichtigt.

*Krankheit/Unfall/berufliche Vorsorge*
Versicherte Personen, die wegen Krankheit, Unfall oder Schwangerschaft vorübergehend nicht oder nur vermindert arbeits- und vermittlungsfähig sind und deshalb die Kontrollvorschriften nicht erfüllen können, haben, sofern sie die übrigen Anspruchsvoraussetzungen erfüllen,

während einer bestimmten Dauer Anspruch auf ein Taggeld. Der Anspruch dauert längstens bis zum 30. Tag nach Beginn der ganzen oder teilweisen Arbeitsunfähigkeit. In der zweijährigen Rahmenfrist für den Leistungsbezug stehen maximal 44 Taggelder zur Verfügung. Es bestehen die üblichen Meldepflichten gegenüber dem RAV und der zuständigen Arbeitslosenkasse.
Personen, die die Anspruchsbedingungen für den Bezug von Taggeldern der Arbeitslosenversicherung erfüllen und Taggelder beziehen, unterstehen der obligatorischen Unfallversicherung für arbeitslose Personen. Die Leistungen richten sich nach dem UVG, wobei das Taggeld der Arbeitslosenversicherung auf eine Kalenderwoche hochgerechnet und dann auf einen Kalendertag umgerechnet wird.
Der obligatorischen beruflichen Vorsorge unterstehen Taggeldbezügerinnen und Taggeldbezüger, deren Tagesverdienst höher ist als der auf einen Tag umgerechnete BVG-Koordinationsabzug. Versichert sind die Risiken Tod und Invalidität, hingegen ist keine Altersvorsorge versichert.

*Einstellung in der Anspruchsberechtigung (selbstverschuldete Arbeitslosigkeit)*
Die Arbeitslosigkeit gilt als selbstverschuldet, wenn die versicherte Person durch ihr Verhalten, insbesondere wegen Verletzung arbeitsvertraglicher Pflichten, dem Arbeitgebenden Anlass zur Auflösung des Arbeitsverhältnisses gegeben hat.
Die Anspruchsberechtigung auf Taggelder wird eingestellt:
- bei leichtem Verschulden für: 1–15 Tage;
- bei mittelschwerem Verschulden für: 16–30 Tage;
- bei schwerem Verschulden für: 31–60 Tage.

Die Einstellung in der Anspruchsberechtigung gilt ab dem ersten Tag nach Beendigung des Arbeitsverhältnisses. So genannte Einstelltage können nur mit anspruchsberechtigten Tagen getilgt werden. Liegt das Ereignis mehr als sechs Monate nach dem Datum der Arbeitslosigkeit zurück, kann keine Einstellung in der Anspruchsberechtigung mehr verfügt werden.
Wenn eine anspruchsberechtigte Person eine zumutbare Arbeit ablehnt, kann ihr die kantonale Amtsstelle wegen selbstverschuldeter Arbeitslosigkeit den Anspruch auf Taggelder mittels Verfügung während einer bestimmten Zeit einstellen.

Eine Einstellung in der Anspruchsberechtigung kann, nach Gewährung des rechtlichen Gehörs, auch in folgenden Fällen verfügt werden, wenn:

- die Kontrollvorschriften oder Weisungen des Arbeitsamtes nicht befolgt werden, namentlich, wenn eine zugewiesene zumutbare Arbeit nicht angenommen wird, oder ein Kurs, dessen Besuch die versicherte Person angewiesen wurde, ohne entschuldbaren Grund nicht antritt oder abbricht;
- unwahre oder unvollständige Angaben gemacht oder in anderer Weise die Auskunfts- oder Meldepflicht verletzt wurde;
- die Arbeitslosenentschädigung zu Unrecht erwirkt oder zu erwirken versucht wurde

### *11.3.2 Insolvenzentschädigung*

Die Insolvenzentschädigung deckt offene Lohnforderungen für die letzten vier Monate des Arbeitsverhältnisses ab (d.h. bis zum letzten geleisteten Arbeitstag), vom Datum des Konkurses, der Nachlassstundung oder des richterlichen Konkursaufschubs. Es gilt der Höchstbetrag von Fr. 12 350.– pro Monat (nur für tatsächlich geleistete, aber nicht entlöhnte Arbeit). Diese Höchstgrenze beinhaltet sämtliche AHV-pflichtigen Lohnbestandteile auf einen Monat berechnet (z.B. Anteil 13. Monatslohn, Ferien usw. pro rata, höchstens für vier Monate).
Weitere Zulagen, sofern sie vom Arbeitgebenden geschuldet sind, Lohncharakter haben und deshalb AHV-beitragspflichtig sind (z.B. Schicht-, Schmutz- oder Baustellenzulagen, Akkordprämien, Zuschläge für Überzeit, Nacht- oder Sonntagsarbeit) sind entschädigungsberechtigt.
Die Insolvenzentschädigung deckt keine Forderungen, die Fr. 12 350.– pro Monat übersteigen sowie andere nicht AHV-pflichtige Lohnbestandteile (z.B. Fahrzeugentschädigung, Spesenentschädigung). Ebenso wenig werden Forderungen berücksichtigt, die beim Konkursamt nicht oder zu spät eingegeben werden. Die Frist für die Eingabe der Forderung beim Konkursamt wird im Schweizerischen Handelsamtsblatt (SHAB) oder im kantonalen Amtsblatt veröffentlicht. Die Frist kann direkt beim Konkursamt nachgefragt werden. Kinder- und Ausbildungszulagen sind

bei der Familienausgleichskasse des ehemaligen Arbeitgebenden geltend zu machen.
Die betroffenen Personen müssen als ersten Schritt beim zuständigen Konkursamt ihrer Gesamtforderung (Lohnforderungen und allfällige weitere Forderungen) geltend machen. Die Gesamtforderung muss alle Beträge bis zum Ablauf der Kündigungsfrist enthalten, auch wenn der Ablauf der Kündigungsfrist nach dem Datum der Konkurseröffnung liegt.
Den Antrag auf Insolvenzentschädigung muss die betroffene Person bei der Öffentlichen (kantonalen) Arbeitslosenkasse des Kantons einreichen, bei welchem der Arbeitgebende seinen Wohn- oder Geschäftssitz hatte, und zwar spätestens 60 Tage nach:

- der Veröffentlichung des Konkurses, der Nachlassstundung oder nach einem richterlichen Konkursaufschub im Schweizerischen Handelsamtsblatt (SHAB);
- dem Pfändungsvollzug;
- Ablauf eines Jahres ab Zustellung des Zahlungsbefehls bei Nichteröffnung des Konkurses.

Dem unterschriebenen und mit Ort und Datum versehenen Antrag auf Insolvenzentschädigung sind die notwendigen Beweismittel sowie eine Kopie der Forderungseingabe beim Konkursamt beizulegen.

*11.3.3 Kurzarbeits- und Schlechtwetterentschädigung*

Die Entschädigung beträgt nach Abzug der Karenzzeit 80% des auf die ausgefallenen Arbeitsstunden anrechenbaren Verdienstausfalls. Dieser umfasst, nebst dem vertraglich vereinbarten Lohn, auch die vertraglich vereinbarten regelmässigen Zulagen. Grundlage für die Berechnung der Entschädigung bildet der anrechenbare Stundenverdienst der letzten Zahlungsperiode vor Beginn der Kurzarbeit. Darin eingeschlossen sind die Feiertags- und Ferienentschädigung sowie der Anteil des 13. Monatslohns, sofern ein Rechtsanspruch darauf besteht. Geschuldete Zulagen wie Nacht- und Sonntagszulagen sind mit einzubeziehen. Der Grundlohn wird je nach Anzahl bezahlter Feiertage und Anzahl Ferienwochen und je nachdem, ob der 13. Monatslohn geschuldet ist, aufgerechnet. Je nach Kalenderjahr sind die Anzahl Arbeitstage verschieden, ebenso unterschiedlich sind die Anzahl Feiertage, die vom Wochentag und vom Kanton abhängen.

Als verkürzt gilt die Arbeitszeit nur, wenn sie zusammen mit einem bei Beginn der Entschädigung bestehenden Überstundenguthabens oder mit einem die betriebliche Gleitzeitregelung übersteigenden Zeitsaldo die normale Arbeitszeit nicht erreicht.
Bei der Kurzarbeitsentschädigung müssen die Ausfallzeiten mindestens 10% der Sollzeiten betragen.
Bei der Schlechtwetterentschädigung werden nur ganze oder halbe Ausfalltage angerechnet.
Die Kurzarbeits- oder Schlechtwetterentschädigungen werden an den Arbeitgebenden ausgerichtet.
Während der Kurzarbeit resp. während der Dauer der Schlechtwetterentschädigung hat der Arbeitgebende die vollen gesetzlichen und vertraglich vereinbarten Sozialversicherungsbeiträge auf dem normalen Lohn zu entrichten. Die Arbeitgeberanteile an die AHV/IV/EO/ALV für die Ausfallzeiten werden dem Arbeitgebenden von der Arbeits-losenkasse zurückerstattet. Die Beiträge des Arbeitgebenden für die berufliche Vorsorge, die Unfallversicherung und die vertragliche Krankenversicherung gehen zulasten des Arbeitgebenden. Der Arbeitnehmende muss aber Arbeitnehmerbeiträge auf den vollen Lohn leisten, das heisst, sie werden ihm vom Lohn abgezogen.

## *11.4 Kosten / Beiträge*

Der Beitragssatz (Arbeitnehmer- und Arbeitgeberbeitrag) an die Arbeitslosenversicherung beträgt 2,2% des AHV-pflichtigen Lohnes (bis zum UVG-Höchstlohn). Auf den AHV-pflichtigen Lohnteilen, die den maximal versicherten Verdienst über-steigen, wird ein zusätzlicher Beitrag von 1,0% erhoben (zur Tilgung der strukturellen Schulden der Arbeitslosenversicherung).
Die Beitragspflicht an die Arbeitslosenversicherung (als Arbeitnehmender) endet mit Erreichen des ordentlichen AHV-Alters.

## *11.5 Meldewesen*

Es gelten grundsätzlich die gleichen Meldepflichten wie bei einem Arbeitsverhältnis.
An den in der Regel monatlich stattfindenden Kontrollgesprächen beim regionalen Arbeitsvermittlungszentrum (RAV) sind alle Ereignisse

mitzuteilen, die einen Einfluss auf den Taggeldanspruch des vergangenen Monats haben. Dazu sind die Fragen auf dem entsprechenden Formular zu beantworten. Mit dem unterschriebenen Formular wird der Taggeldanspruch des betreffenden Monats bei der Arbeitslosenkasse geltend gemacht.

### *11.6 Zahlen zur Arbeitslosenversicherung*

| **Einnahmen** (in Mio.) | **1990** | **1995** | **2000** | **2005** | **2010** | **2012** | **2013** | **2014** |
|---|---|---|---|---|---|---|---|---|
| Beiträge, öffentliche Hand | 736 | 5'304 | 6'230 | 4'584 | 5'752 | 6'958 | 6'890 | 7'260 |
| ***Ausgaben*** (in Mio.) | | | | | | | | |
| Arbeitslosenentschädigung | 308 | 3'580 | 2'213 | 4'626 | 5'100 | 3'994 | 4'492 | 4'583 |
| Kurzarbeitsentschädigung | 156 | 222 | 22 | 57 | 539 | 158 | 133 | 47.7 |
| Schlechtwetterentschädigung | 28 | 110 | 24 | 105 | 73 | 98 | 74 | 24.7 |
| Insolvenzentschädigung | 3 | 48 | 14 | 18 | 22 | 33 | 29 | 27.5 |
| arbeitsmarktliche Massnamen | 17 | 496 | 316 | 678 | 646 | 548 | 568 | 591.5 |
| **registrierte, arbeitslose Personen Anzahl** (in 1000) | | | 72.0 | 148.5 | 148.6 | 142.3 | 149.4 | 136.7 |

Ende September 2014 waren 138'226 Personen als arbeitslos registriert.
Quellen: BSV: Schweizerische Sozialversicherungsstatistik und seco: Arbeitsmarkt und Arbeitslosenversicherung

Die Zahl der arbeitslosen Personen sowie der finanzielle Zustand der Arbeitslosenversicherung folgen den Entwicklungen des Arbeitsmarktes. Die Gesetzgebung (anspruchsberechtigte Personen, Leistungsbeginn und -umfang, Beitragssätze) hinkt dieser Entwicklung hinterher. In arbeitsmarktlich «schlechten» Jahren ist die Arbeitslosenversicherung defizitär, was sie in «guten» Jahren wieder ausgleichen sollte.

Weitere Angaben zur Entwicklung der Zahl der arbeitslosen Personen finden Sie unter: F) «Anmerkungen rund um die Sozialversicherungen», Punkt 6.2: «Arbeitsmarkt/Erwerbsquote».

## C) Obligatorische Sozialversicherungen

### 1. Selbständigerwerbende

#### 1.1 Alters- und Hinterlassenenversicherung

Das Erwerbseinkommen aus der selbständigen Erwerbstätigkeit ist bei der AHV/IV/EO beitragspflichtig. Dies gilt auch für Erwerbseinkommen, die nach Erreichen des ordentlichen Rentenalters erzielt werden. Auf die nach Erreichen des Rentenalters erzielten Erwerbseinkommen wird der AHV/IV/EO-Beitrag erst ab einem Freibetrag erhoben. Die Höhe der Beiträge richtet sich nach den Vorgaben, wie in Kapitel B) 2. beschrieben.
Sofern ein Haupterwerb (als Arbeitnehmender oder als Hausfrau oder –mann) erzielt wird und das Erwerbseinkommen aus der im Nebenerwerb ausgeübten selbständigen Erwerbstätigkeit kleiner ist als Fr. 2'300.- im Jahr, besteht keine Beitragspflicht.
Der Anspruch auf Altersleistungen besteht ab Erreichen des ordentlichen Rentenalters (Frauen = 64 Jahre, Männer = 65 Jahre). Es besteht die Möglichkeit, die Altersrente ein oder zwei Jahre vorzubeziehen. Umgekehrt kann der Bezug der Altersrente hinausgeschoben werden (mindestens 1 Jahr, längstens 5 Jahre). Der Vorbezug muss bis spätestens im Geburtsmonat der zuständigen AHV-Ausgleichskasse mitgeteilt werden Der Aufschub der Altersrente muss der AHV-Ausgleichskasse innerhalb eines Jahres nach Erreichen des ordentlichen AHV-Rentenalters (Beginn der Aufschubdauer) mit dem offiziellen Formular angezeigt werden, da sonst der Anspruch auf einen Zuschlag verloren geht.

#### 1.2 Invalidenversicherung

Für die Berechnung der Beiträge an die IV gelten die gleichen Bestimmungen über das Einkommen wie bei der AHV.
Der Anspruch auf Leistungen der IV besteht gemäss den in Kapitel B) 3. beschriebenen Vorgaben.

#### 1.3 Erwerbsersatzordnung

Die Berechnung der Beiträge an die EO richtet sich nach den Vorgaben der AHV. Der Anspruch auf Leistungen der EO besteht wie in Kapitel B) 4. beschrieben.

### *1.4 Unfallversicherung*

Die Unfallversicherung ist für Selbständigerwerbende nicht obligatorisch. Die Selbständigerwerbenden können sich der Unfallversicherung ihrer Arbeitnehmenden anschliessen oder sich bei einem Unfallversicherer freiwillig versichern.

### *1.5 Krankenversicherung*

Selbständigerwerbende, die in der Schweiz wohnen, unterstehen der obligatorischen Krankenversicherung (KVG).
Die Versicherung des Erwerbsausfalls bei Arbeitsunfähigkeit infolge Krankheit ist freiwillig.

### *1.6 Mutterschaftsentschädigung*

Selbständigerwerbende Frauen haben ab Geburt des Kindes Anspruch auf Mutterschaftsentschädigung. Die Anspruchsvoraussetzungen, die Höhe und die Dauer der Entschädigung richten sich nach den Ausführungen in Kapitel B) 8.

### *1.7 Familienzulagen*

Seit 1. Januar 2013 sind alle Selbständigerwerbende dem Bundesgesetz über die Familienzulagen unterstellt. Sie sind einerseits beitragspflichtig (mit einem Erwerbseinkommen bis zum UVG-Höchstlohn) und andererseits anspruchsberechtigt. Haben mehrere Personen für das gleiche Kind Anspruch auf Familienzulagen, so richtet sich der Anspruch nach einer vorgegebenen Reihenfolge:

- wer ein Einkommen von mehr als Fr. 7050.– erzielt,
- wer die elterliche Sorge hat oder bis zur Mündigkeit des Kindes hatte,
- bei wem das Kind überwiegend lebt oder bis zur Mündigkeit lebte,
- wer im Wohnsitzkanton des Kindes arbeitet (bei mehreren Erwerbstätigkeiten einer Person: sofern das höchste Einkommen erzielt wird),
- wer das höhere Einkommen als Arbeitnehmender hat,
- wer das höhere Einkommen als Selbständigerwerbender hat

Selbständigerwerbende in der Landwirtschaft unterstehen dem Familienzulagengesetz in der Landwirtschaft, siehe Ausführungen in Kapitel B) 9.

### *1.8 Berufliche Vorsorge*

Eine obligatorische berufliche Vorsorge für Selbständigerwerbende gibt es nicht. Die Selbständigerwerbenden können sich der Pensionskasse ihres Berufsverbandes anschliessen oder sich für die berufliche Vorsorge bei der Stiftung Auffangeinrichtung BVG versichern. Wenn sie Arbeitnehmende beschäftigen, können sich die Selbständigerwerbenden der Pensionskasse der Arbeitnehmenden anschliessen.

Den Selbständigerwerbenden stehen die Möglichkeiten der steuerbegünstigten Vorsorge im Rahmen der Säule 3a zur Verfügung.

### *1.9 Arbeitslosenversicherung*

Die Arbeitslosenversicherung ist von der Ausrichtung her eine Arbeitnehmerversicherung. Unter bestimmten Voraussetzungen kann in den nachfolgenden Fällen ein Anspruch auf Arbeitslosenentschädigung bestehen:

- dauerte die selbständige Erwerbstätigkeit weniger als 12 Monate und wurde unmittelbar davor eine Arbeitnehmertätigkeit ausgeübt, die ihrerseits mindestens 12 Monate dauerte, dann kann (unverzüglich) der Anspruch auf Arbeitslosenentschädigung bei einer Arbeitslosenkasse geltend gemacht werden.
- wird die Aufnahme einer selbständigen Erwerbstätigkeit geplant und werden zu dieser Zeit schon Taggelder der Arbeitslosenversicherung bezogen, so können für die Planungsphase der selbständigen Erwerbstätigkeit besondere Taggelder der Arbeitslosenversicherung beantragt werden. Wird nach der definitiven Aufnahme der selbständigen Erwerbstätigkeit innerhalb von bestimmten Fristen wieder beendet, besteht wieder Anspruch auf die restlichen Taggelder der Arbeitslosenversicherung.

## *2 Arbeitnehmende*

### *2.1 Alters- und Hinterlassenenversicherung*

Das Einkommen aus der Arbeitnehmertätigkeit ist bei der AHV/IV/EO beitragspflichtig. Bei geringfügigen Jahreseinkommen unter Fr. 2300.– werden, mit Ausnahme von Hausdienst-Arbeitnehmenden (z.B. privat angestellte Putzfrau), die AHV-Beiträge nur auf Verlangen der versicherten Person erhoben (diese Ausnahme gilt wiederum nicht, wenn die erwerbstätige Person jünger ist als 25 Jahre und das Jahreseinkommen kleiner ist als Fr. 750.–). Die AHV/IV/EO-Beiträge werden vom Lohn abgezogen und vom Arbeitgebenden, zusammen mit den AHV/IV/EO-Beiträgen des Arbeitgebenden an dessen AHV-Ausgleichskasse überwiesen. Auf die nach dem Rentenalter erzielten Einkommen wird der AHV/IV/EO-Beitrag erst ab einem Freibetrag erhoben. Die Höhe der Beiträge richtet sich nach den Vorgaben, wie in Kapitel B) 2. beschrieben.

Der Anspruch auf Altersleistungen besteht ab Erreichen des ordentlichen Rentenalters (Frauen = 64 Jahre, Männer = 65 Jahre). Es ist möglich, die Altersrente ein oder zwei Jahre vorzubeziehen. Umgekehrt kann der Bezug der Altersrente hinausgeschoben werden (mindestens 1 Jahr, längstens 5 Jahre). Der Vorbezug muss bis spätestens im Geburtsmonat der zuständigen AHV-Ausgleichskasse mitgeteilt werden Der Aufschub der Altersrente muss der AHV-Ausgleichskasse innerhalb eines Jahres nach Erreichen des ordentlichen AHV-Rentenalters (Beginn der Aufschubdauer) mit dem offiziellen Formular angezeigt werden, da sonst der Anspruch auf einen Zuschlag verloren geht

### *2.2 Invalidenversicherung*

Für die Berechnung der Beiträge an die IV gelten die gleichen Bestimmungen über das Einkommen wie bei der AHV.

Der Anspruch auf Leistungen der IV besteht gemäss den in Kapitel B) 3. beschriebenen Vorgaben.

### *2.3 Unfallversicherung*

Die Unfallversicherung ist obligatorisch, sobald eine Arbeitnehmertätigkeit angetreten wird bis zum UVG-Höchstlohn (Fr. 148 200.– im Jahr).

Die obligatorische Unfallversicherung gilt auch für:

- Heimarbeiterinnen und Heimarbeiter,
- Lehrlinge,
- Praktikantinnen und Praktikanten,
- Volontärinnen und Volontäre,
- Personen, die in Lehr- und Invalidenwerkstätten tätig sind, und

Personen, die zur Abklärung der Berufswahl bei einem Arbeitgebenden tätig sind (Schnupperlehrlinge).

Der Deckungsumfang beschränkt sich auf Berufsunfälle und Berufskrankheiten, wenn das Arbeitspensum weniger als 8 Stunden pro

Woche beträgt. Liegt das Arbeitspensum über 8 Wochenstunden, dann erstreckt sich der Deckungsumfang auch auf Nicht-Berufsunfälle.
Die Kosten der Berufsunfallversicherung gehen zulasten des Arbeitgebenden. Die Kosten der Nicht-Berufsunfallversicherung sind vom Arbeitnehmenden zu tragen, wobei zugunsten der Arbeitnehmenden eine bessere Lösung vereinbart werden kann.

### *2.4 Krankenversicherung*

Arbeitnehmende, die in der Schweiz wohnen, unterstehen der obligatorischen Krankenversicherung (KVG). Ausnahmen gelten bei Grenzgänger: die genauen Bestimmungen können bei der «Gemeinsamen Einrichtung KVG» der Krankenversicherer nachgefragt werden.
Die Versicherung des Erwerbsausfalls bei Arbeitsunfähigkeit infolge Krankheit ist freiwillig. Besteht keine Krankentaggeldversicherung muss der Arbeitgebende die Bestimmungen des Obligationenrechts (OR) über die Lohnfortzahlung bei Krankheit einhalten.

### *2.5 Erwerbsersatzordnung*

Die Beiträge an die EO richten sich nach den Vorgaben der AHV.
Der Anspruch auf Leistungen der EO besteht wie in Kapitel B) 7. beschrieben.

### 2.6 Mutterschaftsentschädigung

Arbeitnehmerinnen haben ab Geburt des Kindes Anspruch auf Mutterschaftsentschädigung. Die Anspruchsvoraussetzungen, die Höhe und die Dauer der Entschädigung richtet sich nach den Ausführungen in Kapitel B) 8.

### *2.7 Familienzulagen*

Das Bundesgesetz über die Familienzulagen, welches am 1. Januar 2009 in Kraft trat, sieht in allen Kantonen die gleichen Mindestansätze für Kinder- und Ausbildungszulagen vor. Jeder Kanton kann aber höhere Beträge und weitergehende Leistungen vorsehen (zum Beispiel Geburtszulage, etc.). Die Mindestbeträge der Kinder- und Ausbildungszulagen gelten auch bei den Familienzulagen in der Landwirtschaft,

wobei die Kinder- und Ausbildungszulagen im Berggebiet um Fr. 20.– höher sind als im Talgebiet.
Haben mehrere Personen für das gleiche Kind Anspruch auf Familienzulagen, so richtet sich der Anspruch nach einer vorgegebenen Reihenfolge:
- wer ein Einkommen von mehr als Fr. 7050.– erzielt
- wer die elterliche Sorge hat oder bis zur Mündigkeit des Kindes hatte,
- bei wem das Kind überwiegend lebt oder bis zur Mündigkeit lebte,
- wer im Wohnsitzkanton des Kindes arbeitet (bei mehreren Erwerbstätigkeiten einer Person: sofern das höchste Einkommen erzielt wird)
- wer das höhere Einkommen als Arbeitnehmender hat
- wer das höhere Einkommen als Selbständigerwerbender hat.

### *2.8 Berufliche Vorsorge*

Im Rahmen der obligatorischen beruflichen Vorsorge sind Arbeitnehmende nur versichert, wenn folgende Bedingungen erfüllt sind:
- sie haben am 1. Januar das 17. Altersjahr vollendet,
- sie erzielen ein (mutmassliches) Jahreseinkommen von mehr als Fr. 21150.– (bei teilinvaliden Personen gelten reduzierte Beträge; vgl. Kapitel B) 10.),
- sie haben ein Arbeitsverhältnis angetreten, das entweder unbefristet ist oder für mehr als 3 Monate eingegangen wurde,
- sie sind nicht als Arbeitnehmender im Nebenberuf tätig (und bereits für eine haupt-berufliche Erwerbstätigkeit obligatorisch versichert sind oder wenn sie im Haupt-beruf eine selbständige Erwerbstätigkeit ausüben),
- sie arbeiten nicht für einen Arbeitgebenden, der gegenüber der AHV nicht beitragspflichtig ist,
- sie sind im Sinne der IV nicht zu mindestens 70% invalid,
- sie arbeiten nicht als Familienmitglied des Betriebsleiters im landwirtschaftlichen Betrieb mit.

Der Arbeitgebende muss mindestens die Hälfte der Kosten aller versicherten Personen übernehmen. Der Arbeitgebende ist gegenüber der Pensionskasse der Schuldner der Beiträge.

Die versicherten Personen haben Anspruch auf folgenden Leistungen:
- Altersleistung (Rente oder Kapital, sofern der Kapitalbezug im Reglement der Pensionskasse vorgesehen ist und rechtzeitig geltend gemacht worden ist),
- Hinterlassenenrenten (Witwen, Witwer, hinterlassener Partner einer eingetragenen gleichgeschlechtlichen Partnerschaft, Waisen),
- Invalidenrenten,
- Freizügigkeitsleistung (sofern schon Beiträge für die Altersleistungen angespart worden sind).

Unter bestimmten Voraussetzungen können die Vorsorgegelder vorbezogen oder verpfändet werden.

## *2.9 Arbeitslosenversicherung*

Vom AHV-pflichtigen Lohn des Arbeitnehmenden werden die Beiträge an die Arbeitslosenversicherung (ordentliche Beiträge bis zum UVG-Höchstlohn, plus Solidaritäts-beitrag ab dem UVG-Höchstlohn) abgezogen und zusammen mit den Arbeitgeberbeiträgen an die AHV-Ausgleichskasse überwiesen.

Nach Verlust oder Beendigung des Arbeitsverhältnisses kann der Anspruch auf Arbeitslosenentschädigung bei einer Arbeitslosenkasse geltend gemacht werden, sofern die versicherte Person Wohnsitz in der Schweiz hat (Wohnortsprinzip). Die Anspruchsvoraussetzungen, die Höhe und die Dauer des Entschädigungsanspruchs richten sich nach den Ausführungen in Kapitel B) 11.

Im Fall eines Konkurses des Arbeitgebenden besteht Anspruch auf Insolvenzentschädigung für geleistete aber nicht entlöhnte Arbeit. Die Anspruchsvoraussetzungen und die Höhe der Entschädigung der anspruchsberechtigten Arbeitnehmenden richten sich nach den Angaben in Kapitel B) 11. Sie werden von der kantonalen Arbeitslosenkasse berechnet und den anspruchsberechtigten Personen vergütet.

Muss der Arbeitgebende Kurzarbeit einführen oder wegen Schlechtwetter die Arbeitszeit reduzieren, kann er bei der kantonalen Amtsstelle Kurzarbeitsentschädigung respektive Schlechtwetterentschädigung beantragen. Die Entschädigung macht der Arbeitgebenden bei einer von ihm gewählten Arbeitslosenkasse geltend. Diese berechnet die Höhe der Entschädigung und richtet sie an Arbeitgebenden aus.

Der Arbeitgebende muss für die Zeiten der Kurzarbeit respektive Schlechtwetter den (reduzierten) Lohn am ordentlichen Zahltagstermin vorschiessen. Er muss auf die Sozialversicherungsbeiträge auf dem vollen Lohn bezahlen und die Kurzarbeits- oder Schlechtwetterentschädigung während der Karenzzeit übernehmen.

## 3 Nichterwerbstätige

### 3.1 Alters- und Hinterlassenenversicherung

Personen, die in der Schweiz ihren Wohnsitz haben und keiner Erwerbstätigkeit nachgehen (weder als Selbständigerwerbender noch als Arbeitnehmender) unterstehen ab 1. Januar nach Vollendung des 20 Altersjahres der Beitragspflicht an die AHV/IV/EO als Nichterwerbstätige.
Von der Unterstellung als Nichterwerbstätiger befreit sind lediglich Personen, deren Ehepartner (resp. der eingetragene gleichgeschlechtliche Partner) die Beitragspflicht als Erwerbstätiger in der Schweiz erfüllt. Dabei muss der erwerbstätige Ehepartner (resp. der eingetragene Partner) zu mindestens 50% ganzjährig als Arbeitnehmender tätig sein oder als Selbständigerwerbender mindestens den doppelten Mindestbeitrag entrichten. Hat der (weiterhin) erwerbstätige Ehepartner (resp. der eingetragene Partner) das ordentliche AHV-Rentenalter erreicht, der nichterwerbstätige Ehepartner hingegen nicht, so muss der nichterwerbstätige Ehepartner (resp. der eingetragene Partner) bis zu seinem ordentlichen AHV-Rentneralter die Beitragspflicht selber erfüllen.
Mit Erreichen des ordentlichen AHV-Rentenalters endet in jedem Fall die Beitragspflicht an die AHV/IV/EO als nichterwerbstätige Person.

### 3.2 Invalidenversicherung

Es gelten die gleichen Vorgaben wie bei der AHV.

### 3.3 Unfallversicherung

Die obligatorische Unfallversicherung gilt nur für Arbeitnehmende. Arbeitslose Personen mit Anspruch auf Arbeitslosenentschädigung unterstehen der obligatorischen Unfallversicherung für arbeitslose Personen. Nach Ablauf des Taggeldbezugs gilt eine 30-tägige Nachdeckung, innert der die Abredeversicherung für maximal 180 Tage

abgeschlossen werden kann.
Die Heilungskosten eines Unfalls sind im Rahmen der obligatorischen Krankenversicherung gedeckt (sofern keine Unfallversicherung die Kosten übernimmt). Der Abschluss einer Taggeldversicherung ist freiwillig.

### *3.4 Krankenversicherung*

Personen mit Wohnsitz in der Schweiz unterstehen der obligatorischen Krankenversicherung (vgl. B) 6.).

### *3.5 Erwerbsersatzordnung*

Es gelten die gleichen Vorgaben wie bei der AHV.

### *3.6 Familienzulagen*

Für Nichterwerbstätige haben Anspruch auf Kinder- und/oder Ausbildungszulagen, wenn das steuerbare Jahreseinkommen tiefer ist als Fr. 42 300.– (150% der maximalen AHV-Altersrente) und sofern keine Ergänzungsleistungen zur AHV/IV bezogen werden

### *3.7 Berufliche Vorsorge*

Nichterwerbstätige Personen unterstehen keiner beruflichen Vorsorge. Arbeitslose Personen mit Anspruch auf Arbeitslosenentschädigung sind im Rahmen der beruflichen Vorsorge von arbeitslosen Personen versichert, sofern der Tagesverdienst den Tages-Koordinationsabzug übersteigt. Mit dem Ende des Taggeldanspruchs endet auch die Unterstellung unter die beruflichen Vorsorge von arbeitslosen Personen.

### *3.8 Arbeitslosenversicherung*

Anspruch auf Arbeitslosenentschädigung können Nichterwerbstätige stellen, die von der Erfüllung von der Beitragspflicht befreit sind Personen (veränderte Lebensumstände):

- weil sie während mindestens 12 Monaten wegen Schule, Umschulung, Weiter-bildung; Krankheit, Unfall oder Mutterschaft; Aufenthalt in einer schweizerischen Haft- oder Arbeitserziehungsanstalt oder

- bei denen längstens vor 12 Monaten eines der nachfolgenden Ereignisse eintrat: Trennung, Scheidung der Ehe (resp. Auflösung der eingetragenen Partnerschaft); Invalidität oder Tod des Ehepartners (resp. des eingetragenen Partners); Wegfall der Invalidenrente und sie deshalb gezwungen sind, eine unselbständige Erwerbstätigkeit aufzunehmen

Ein Anspruch auf Arbeitslosenentschädigung kann bestehen, falls die nichterwerbstätige Person nach einem Unterbruch der Arbeitnehmertätigkeit von weniger als 12 Monaten wieder eine Arbeitsstelle antreten will. Sie muss sich beim Arbeitsamt zur Arbeitsvermittlung anmelden und bei einer Arbeitslosenkasse einen Antrag auf Arbeitslosenentschädigung stellen. Hat sie in den zwei Jahren vor dem Beginn der (möglichen) Arbeitslosenentschädigung während mindestens 12 Monaten eine Arbeitstätigkeit ausgeübt (und mehr als das Mindesteinkommen verdient), hat sie Anspruch auf Arbeitslosenentschädigung. Sie muss alle Pflichten einer arbeitslosen Person erfüllen.
Ansonsten haben nichterwerbstätige Personen keinen Anspruch auf Arbeitslosenentschädigung.

## D) Organisation der Sozialversicherungen

### 1. Alters- und Hinterlassenenversicherung

Die AHV wird von den Ausgleichskassen der Kantone, der Verbände und des Bundes durchgeführt. In jeder Gemeinde hat es in der Regel eine AHV-Zweigstelle.
Personen mit Wohnsitz im Ausland, die sich der AHV freiwillig angeschlossen haben, oder die Leistungen der AHV/IV beziehen, sind der Schweizerischen Ausgleichskasse unterstellt.

### 2. Invalidenversicherung

Jeder Kanton führt eine IV-Stelle. Zuständig ist jeweils diejenige am Wohnort der versicherten Person.

### 3. Ergänzungsleistungen zur AHV und zur IV

In der Regel werden die Arbeiten der Ergänzungsleistungen zur AHV/IV von den kantonalen AHV-Ausgleichskassen wahrgenommen (Ausnahmen: Basel-Stadt, Genf und Zürich).

### 4. *Unfallversicherung*

Bestimmte Wirtschaftszweige sind von Gesetzes wegen der Schweizerischen Unfallversicherungsanstalt (SUVA) unterstellt.
Die Unfallversicherung von Firmen, die nicht der SUVA unterstellt sind, kann bei einer privaten Unfallversicherungsgesellschaft, bei einer öffentlichen Unfallversicherungseinrichtung oder bei einer anerkannten Krankenkasse versichert werden.

### 5. *Krankenversicherung*

Die obligatorische Krankenversicherung kann bei einer anerkannten Krankenkasse oder bei einer Krankenversicherung abgeschlossen werden.

### 6. *Erwerbsersatzordnung und Mutterschaftsentschädigung*

Die Durchführung der Erwerbsersatzordnung und der Mutterschaftsentschädigung obliegt den zuständigen AHV-Ausgleichskassen, an welche die entschädigungsberechtigte Person resp. ihr Arbeitgebender zuletzt EO-Beiträge entrichtet hat.

### 7. *Familienzulagen*

Jeder Kanton führt eine Familienausgleichskasse. Familienausgleichskassen von Berufsverbänden und Betrieben benötigen eine Anerkennung des jeweiligen Kantons.
Die Familienzulagen in der Landwirtschaft werden von den kantonalen Familienausgleichskassen ausgerichtet.

### 8. *Berufliche Vorsorge*

Pensionskassen können die juristische Form einer Stiftung oder einer Einrichtung des öffentlichen Rechts haben. Jeder Arbeitgebende muss für seine Arbeitnehmenden eine Vorsorgeeinrichtung (Pensionskasse) errichten oder sich einer solchen anschliessen. Die Vorsorgeeinrichtung, die die obligatorische berufliche Vorsorge durchführt, muss sich im Register der beruflichen Vorsorge eintragen.
Die berufliche Vorsorge von arbeitslosen Personen wird von der Stiftung Auffangeinrichtung BVG durchgeführt.
Bei Konkurs der Vorsorgeeinrichtung steht die Stiftung Sicherheitsfonds BVG in der Leistungspflicht.

Die Pensionskassen werden periodisch von einem Experten für die berufliche Vorsorge kontrolliert (Hauptgewicht: versicherungstechnische Kontrolle) und jährlich von einer Kontrollstelle (Hauptgewicht: Buchhaltung).

### 9. *Arbeitslosenversicherung*

Jeder Kanton führt eine Arbeitslosenkasse (die Kantone Ob- und Nidwalden führen eine gemeinsame Arbeitslosenkasse). Mit Ausnahme der Insolvenzentschädigung führen auch anerkannte Arbeitslosenkassen von Verbänden (Gewerkschaften oder Arbeitgeberverbände) die Arbeitslosenversicherung durch. Für die Geltendmachung des Anspruchs auf Arbeitslosenentschädigung, der Kurzarbeits- oder Schlechtwetterentschädigung kann die antragstellende Person respektive der antragstellende Arbeit-gebende eine Arbeitslosenkasse auswählen, die an seinem Wohnort respektive Sitz tätig ist. Für die Insolvenzentschädigung ist allein die kantonale Arbeitslosenkasse zuständig.

## *E) Rechtsverfahren*

Im Bundesgesetz über den Allgemeinen Teil des Sozialversicherungsrechts (ATSG) wurde ein einheitliches Sozialversicherungsverfahren festgelegt und die Rechtspflege geregelt.

Die Bestimmungen des ATSG gelten für das Verhältnis zwischen der Sozial-versicherung und den versicherten Personen (Unterstellung unter die jeweilige Versicherung, Erhebung von Beiträgen, Erbringung von Leistungen) für alle Zweige der Sozialversicherung mit folgenden Ausnahmen:

- Invalidenversicherung (Vorbescheidverfahren durch die IV-Stelle),
- kantonale Familienzulagen,
- beruflichen Vorsorge (sie ist aber über die Leistungskoordination, die Überentschädigung und die Definitionen aus den anderen Sozialversicherungen indirekt betroffen; die Rechtspflege ist in Art. 73 BVG geregelt).

### *1. Verfügung / Rechtsmittelbelehrung*

Über Leistungen, Forderungen und Anordnungen, die erheblich sind oder mit denen die betroffene Person nicht einverstanden ist, hat der Versicherungsträger eine Verfügung mit Rechtsmittelbelehrung zu erlassen.

### *2. Einsprache*

Gegen eine Verfügung kann innerhalb von 30 Tagen bei der verfügenden Stelle Einsprache erhoben werden. Der Einspracheentscheid ist innert angemessener Frist zu erlassen. Das Einspracheverfahren ist kostenlos und Parteientschädigungen werden in der Regel nicht ausgerichtet. Bei der Invalidenversicherung trat per Juli 2006 anstelle des Einspracheverfahrens das so genannte Vorbescheidverfahren (wie es vor Inkrafttreten des ATSG schon galt; siehe 4.).

Wenn nach Erlass der Verfügung oder des Einspracheentscheids erhebliche neue Tatsachen entdeckt oder Beweismittel aufgefunden werden, dann müssen die Entscheide in Revision gezogen werden. Der Versicherungsträger kann auf eine in Rechtskraft erwachsene Verfügung zurückkommen, wenn diese zweifellos unrichtig und wenn die Berichtigung von erheblicher Bedeutung ist.

### 3. *Beschwerde*

Gegen Einspracheentscheide oder Verfügungen, gegen welche eine Einsprache ausgeschlossen ist, kann innerhalb der Beschwerdefrist (in der Regel 30 Tage) beim Kantonsgericht Beschwerde erhoben werden. Gegen Entscheide des Kantonsgerichts kann innerhalb der Rechtsmittelfrist Beschwerde beim Bundesgericht erhoben werden.

### 4. *Vorbescheidverfahren bei der Invalidenversicherung*

Bei der Invalidenversicherung gilt seit dem 1. Juli 2006 wieder das Vorbescheidverfahren (so wie es vor dem ATSG galt; Art. 73bis IVV). Die IV-Stelle muss die Partei anhören (gestützt auf Art. 42 ATSG), bevor sie eine Verfügung erlässt, gegen welche Beschwerde erhoben werden kann. Der vorgesehene Entscheid wird den Parteien mit einer 30-tägigen Frist (Art. 73ter IVV) für Einwände zugestellt. Die versicherte Person hat zwei Möglichkeiten, wie sie der IV-Stelle die Einwände zukommen lassen kann: entweder schriftlich oder mündlich im Rahmen eines persönlichen Gesprächs. Bei einer mündlichen Anhörung erstellt die IV-Stelle ein summarisches, von der versicherten Person zu unterzeichnendes Protokoll. Die anderen Parteien können nur schriftlich Stellung nehmen. Bringen die Parteien keine Einwände vor, erlässt die IV-Stelle die Verfügung. Bringen die Parteien Einwände vor, muss die IV-Stelle in der Verfügung die Gründe angeben, weshalb sie den Einwänden nicht folgt oder sie nicht berücksichtigen kann (Art. 74 Abs. 2 IVV; vgl. BGE 124 V 180). Gemäss Art. 74ter IVV können einige Leistungen ohne Erlass einer Verfügung zugesprochen oder weiter ausgerichtet werden (Art. 58 IVG), wenn die Anspruchsvoraussetzungen offensichtlich erfüllt werden und den Begehren der versicherten Person vollumfänglich entsprochen wird. Dazu zählen medizinische Massnahmen, Massnahmen beruflicher Art, Hilfsmittel, Vergütung von Reisekosten, Renten und Hilflosenentschädigungen nach einer von Amtes wegen durchgeführten Revision.

### *5. Aufsichtsbeschwerde in der beruflichen Vorsorge*

Jede Person, die ein schutzwürdiges Interesse hat, kann bei der kantonalen Aufsichtsbehörde gegen den Stiftungsrat oder ein anderes Organ der Pensionskasse Beschwerde führen:

- bei widerrechtlichen Statuten oder Reglementen,
- bei Beanstandung der Tätigkeit des Stiftungsrates oder der Organe der Pensionskasse,
- gegen den Verteilplan bei Teil- oder Gesamtliquidation,
- bei Verletzung von Informationspflichten,
- bei Verletzung der paritätischen Verwaltung im Stiftungsrat,
- bei Verletzung der Anlagevorschriften,
- bei Verletzung der Unabhängigkeit der Organe und
- bei Verfahrensfehlern bei der Beschlussfassung.

Gegen die Verfügung der Aufsichtsbehörde kann Beschwerde ans Bundesgericht eingereicht werden.

## *F) Anmerkungen rund um die Sozialversicherungen*

Die Sozialversicherungen in der Schweiz sind nicht nach einer einheitlichen Logik aufgebaut. Sie folgen ganz unterschiedlichen Verfahren und Entwicklungen, auf die nachfolgend näher eingegangen werden soll.

### *1. Finanzierung und Finanzierungsverfahren*

#### *1.1 Finanzierung*

Die Sozialversicherungen werden aus verschiedenen Quellen finanziert:
- Beiträge der versicherten Personen (Nichterwerbstätige, Selbständigerwerbende, Arbeitnehmende) und der Arbeitgebenden;
- Zinserträge aus den Reserven/den Ausgleichsfonds;
- Rückzahlungen aus Regressfällen;
- Beiträge via Bundeshauhalt: Tabaksteuer, Alkoholsteuer, Mehrwertsteuer-Anteil an die AHV;
- fiskalische Abgaben für die AHV: Spielbankenabgabe, Mehrwertsteuer.

In Abhängigkeit vom Erwerbseinkommen der versicherten Personen werden folgende Sozialversicherungen finanziert:
- ohne Obergrenze: AHV, IV, EO, ALV (mit reduziertem Beitragssatz ab dem UVG-Höchstlohn), FamZ (mit einer Obergrenze für Selbständigerwerbende)/FL,
- mit Obergrenze: BVG, UVG.

Die Finanzierung der KVG-Leistungen hat keinen Bezug zum Erwerbseinkommen der versicherten Personen.

Aus Mitteln des Bundes und der Kantone finanziert werden: MV, EL und teilweise das KVG (Prämienverbilligung).

#### 1.2 Finanzierungsverfahren

Ausgaben-Umlageverfahren

Die in einer Periode (in der Regel: Kalenderjahr) ausgerichteten Leistungen und die angefallenen Verwaltungskosten werden durch die Beitragspflichtigen finanziert. In der AHV/IV und in der ALV wird dieses Verfahren angewendet, allerdings mit je einem Ausgleichsfonds.

Kapital-Deckungsverfahren
Beim Kapital-Deckungsverfahren werden die eigenen künftigen Leistungen durch ein planmässiges Verfahren vorfinanziert (volkstümlich gesprochen: «Sparen für das Alter»), so wie es in der beruflichen Vorsorge angewendet wird.
Rentenwert-Umlageverfahren
Beim Rentenwert-Umlageverfahren wird im Zeitpunkt der Fälligkeit einer Rente das voraussichtlich notwendige Kapital für die Finanzierung der zukünftigen Renten bereitgestellt (auf einen Termin «umgelegt»). Anwendung findet diese Methode bei den Renten der Unfallversicherung (UVG).

## 2. *Kreis der versicherten Personen*

### 2.1 *Einleitung*

Da die Sozialversicherungen entlang von verschiedenen Ansprüchen gewachsen sind, gibt es keine einheitliche Definition über den Kreis der versicherten Personen. Die Definition der versicherten Person ist in fast jedem Gesetz eigenständig geregelt. Je nach Gesetz gehören zum Kreis der versicherten Personen alle in der Schweiz wohnhaften Personen, alle in der Schweiz erwerbstätigen Personen oder nur alle Arbeitnehmenden. Bei bestimmten Gesetzen unterstehen die Personen der Versicherung erst, wenn ihr Einkommen vorgegebene Limiten übersteigt.

#### 2.1.1 *In der Schweiz wohnhafte Personen*

Alle in der Schweiz wohnhaften Personen unterstehen der AHV, der IV, der Erwerbsersatzordnung für Dienstleistende (EO, inkl. Mutterschaftsentschädigung) und der obligatorischen Krankenversicherung (KVG).
Nichterwerbstätige Personen, die in wirtschaftlich bescheidenen Verhältnissen leben und Kinder haben, haben Anspruch auf Familienzulagen, das heisst, sie gehören dann wie die Arbeitnehmenden zum Kreis der versicherten Personen.
In bestimmten Fällen gehören bei der Arbeitslosenversicherung in der Schweiz wohnhafte, aber nicht erwerbstätige Personen zum Kreis der versicherten Personen (Art. 14 AVIG: von der Erfüllung der Beitragspflicht befreite Personen).

Ob eine versicherte Person auch beitragspflichtig ist, hängt bei der AHV/IV/EO davon ab, ob der verheiratete oder eingetragene gleichgeschlechtliche Partner, der noch nicht das ordentliche AHV-Alter erreicht hat, erwerbstätig ist. Wird keine Erwerbstätigkeit ausgeübt und ist kein Ehepartner resp. eingetragener gleichgeschlechtlicher Partner vorhanden, der erwerbstätig ist und das ordentliche AHV-Alter noch nicht erreicht hat, dann wird die versicherte Person auch zur beitragspflichtigen Person. Übt der Ehepartner oder der eingetragene Partner ausserhalb der Schweiz eine Erwerbstätigkeit aus, dann ist die Beitragspflicht durch den nicht erwerbstätigen Ehe-/Partner in der Schweiz zu erfüllen.

#### *2.1.2 In der Schweiz erwerbstätige Personen*

Bei den in der Schweiz erwerbstätigen Personen ist zu unterscheiden, ob es sich um Selbständigerwerbende oder um Arbeitnehmende handelt.
Ausser bei der AHV/IV/EO unterstehen die Einkommen der Selbständigerwerbenden keiner weiteren Sozialversicherung. Mit den EO-Beiträgen wird auch die Mutterschaftsentschädigung an selbständigerwerbende Mütter finanziert.
Die Selbständigerwerbenden können sich freiwillig der Unfallversicherung und der beruflichen Vorsorge (Pensionskasse der Arbeitnehmenden resp. des Berufsverbandes) anschliessen. Bei der beruflichen Vorsorge sind einkommensmässige Limiten zu erfüllen.
Im Prinzip ist jegliches Einkommen aus einer Arbeitnehmertätigkeit bei der AHV/IV/EO und ALV beitragspflichtig. Ausnahmen bestehen nur bei einem Nebenerwerb (Verzicht möglich bei Einkommen unter Fr. 2300.–im Jahr; dies gilt nicht für Hausdienstangestellte, hingegen wieder bei Personen unter 25 Jahren mit einem Jahreseinkommen unter Fr. 750.–) und nach Erreichen des ordentlichen AHV-Alters für Einkommen unter dem Freibetrag. Bei der Unfallversicherung ist, mit Ausnahme des Verzichts der Unterstellung eines Nebenerwerbs, jedes Einkommen zu versichern unabhängig vom erreichten Alter. Der beruflichen Vorsorge unterstellt sind Arbeitnehmende erst, wenn ihr Einkommen den Mindestbetrag übersteigt.
Arbeitnehmende und Selbständigerwerbende mit Kinder haben Anspruch auf Familienzulagen (Kinder- oder Ausbildungszulagen).

Bis zum ordentlichen AHV-Alter gibt es keinen Freibetrag auf das AHV/IV/EO- beitragspflichtige Einkommen. Die Beiträge an die ALV (nur bis zum AHV-Alter) und die Prämien für die Unfallversicherung werden bis zum UVG-Höchstlohn erhoben. Bei der ALV ist ein so genannter Solidaritätsbeitrag (ab dem UVG-Höchstlohn) zu entrichten. Richtet sich eine Pensionskasse nach den Mindestbestimmungen des BVG, sind der versicherte und beitragspflichtige Lohn maximiert.
Die Beiträge an die Familienzulagen richten sich nach dem vollen AHV-pflichtigen Lohn. Für die Beitragspflicht von Selbständigerwerbenden gilt als Obergrenze der UVG-Höchstlohn.
Personen, die aus einem EU- oder EFTA-Land für eine bestimmte Zeit in die Schweiz entsandt werden, unterstehen nicht der schweizerischen Sozialversicherung sondern weiterhin denjenigen des entsendenden EU- oder EFTA-Landes.

## 3. *Entwicklung der Sozialversicherungen*

Die Entwicklung der Sozialversicherung deckt sich in den ersten Jahrzehnten mit der industriellen Revolution und den Folgen von Kriegen.
Die Industrialisierung begann bei der Textilherstellung. Deren Mechanisierung führte zum Aufbau der Maschinenindustrie und der chemischen Industrie (Herstellung von Farbstoffen). Die industrielle Verarbeitung von Lebensmitteln (Haltbarmachen) half bei der Versorgung der stark wachsenden Bevölkerung und entlastete die Hausfrauen, damit diese als Arbeitskräfte in den Fabriken einsetzt werden konnten. Der Aufbau der Industrie, der Energiewirtschaft (Wasserbau und Wasserkraft) und des Transport-wesens (Wasserstrassen, Eisenbahnen) erforderte grosse Geldmittel. Banken und Versicherungen fanden ein entsprechendes Betätigungsfeld. Die Kehrseite dieser wirtschaftlichen und gesellschaftlichen Entwicklung brachte im 19. Jahrhundert eine verbreiterte Armut, Kinderarbeit, Hungersnöte, Arbeitskämpfe, Alkoholproblem, Auswanderungen etc. In dieser Zeit entstand das Fabrikgesetz, die Kranken- und Unfallversicherung, die Militärversicherung sowie in einzelnen Kantonen so genannte Kranken-, Invaliden- und Sterbekassen (der Typographen).
Erst nach dem 2. Weltkrieg setzte das Inkrafttreten von weiteren Sozialversicherungen richtig ein und erreichte in der Abstimmung von 1972

zur beruflichen Vorsorge (3-Säulen-Prinzip) einen Höhepunkt. Im Zuge der ersten Rezessionsjahre (Ende der siebziger Jahre) wurde die Arbeitslosenversicherung (als Bundeslösung) ausgebaut. Auf den 1. Juli 2005 kamen die Bemühungen um eine Mutterschaftsversicherung mit der Einführung der Mutterschaftsentschädigung zu einem Ende. Bei den bestehenden Sozialversicherungen wurde mit diversen Revisionen den gewandelten Ansprüchen und Gesellschaftsvorstellungen Rechnung getragen.
Die Sozialversicherungen werden auch vor zukünftigen gesellschaftlichen Änderungen nicht stoppen, Stichworte dazu sind Einelternfamilien, Konkubinat, Scheidungen, Partnerschaft, Gleichstellung von Mann und Frau, Lebenserwartung, Altersstruktur der Bevölkerung, Pflegebedarf im Alter, Erwerbsfähigkeit und -dauer der Bevölkerung, medizinische Entwicklungen, Verhalten und Lebensführung des Einzelnen. Als Folge davon sind Themen wie anspruchsberechtigte Personen, Leistungshöhe und deren Finanzierung zu hinterfragen und neu zu lösen.

### *4. Zuständigkeiten/Koordination in der Sozialversicherung*

Die Sozialversicherungen sind kein nach einheitlichen Kriterien aufgebautes System. Bestimmte Sozialversicherungen umfassen alle Personen (z.B. AHV/IV/EO, Krankenversicherung, Militärversicherung), andere nur Teile davon (z.B. Arbeitslosenversicherung, Unfallversicherung, berufliche Vorsorge, Familienzulagen). Einige Sozialversicherungen richten sich nach bestimmten Risiken wie Alter, Tod, Invalidität (AHV/IV, Unfallversicherung, Krankenversicherung, berufliche Vorsorge) oder Arbeitslosigkeit. Andere Sozialversicherungen sind «nur» auf den Erwerbsersatz ausgerichtet (Erwerbsersatz für Dienstleistende; Mutterschaftsentschädigung; Kurzarbeits- und Schlechtwetterentschädigung).
Da die Sozialversicherungen historisch gewachsen sind und die bestehenden Strukturen beibehalten werden (z.B. Pensionskassen, Familienausgleichskasse, AHV-Ausgleichskassen von Arbeitgeberverbänden, Arbeitslosenkassen von Arbeitgeberverbänden und Gewerkschaften), respektive die Kantonshoheit und die Eigenständigkeit der Kantone gewahrt wurden (z.B. AHV-Ausgleichskassen, IV-Stellen, Arbeitslosenkassen, Familienausgleichskassen, Aufsicht über die berufliche Vorsorge), besteht ein entsprechender Koordinationsbedarf bei der

Zuordnung der Beitragspflicht (zuständiges Organ/Träger einer Sozialversicherung) sowie bei der Koordination bei der Leistungserbringung und Verrechnung (intrasystemische intersystemische und extrasystemische Koordination).
Mit dem Inkrafttreten des Bundesgesetzes über den Allgemeinen Teil des Sozialversicherungsrechtes (ATSG) per 1.1.2003 wurde eine Vereinheitlichung der Begriffe, der Rechtsinstitute und der Verfahrensregeln geschaffen. Das ATSG ist aber kein Gesetz, das den einzelnen Bundesgesetzen übergeordnet ist. Seine Aufgabe liegt, nebst gemeinsamen Definitionen, in der Regelung der Koordination der Sozialversicherungsgesetze.

## *5. Detailierungsgrad der Sozialversicherungen*

Je nach politischer Machbarkeit sind die Bestimmungen (Gesetz, Verordnung, Weisungen/Kreisschreiben) unterschiedlich detailliert. So ist in bestimmten Gesetzen genau definiert, welche Leistungen zu erbringen sind und wie hoch der Leistungsbetrag ist (AHV, IV, EO/MSE, ALV, UVG, KVG, MVG). In einigen Gesetzen sind aber lediglich Mindestbestimmungen festgeschrieben (BVG, FamZG, KVG-Zusatzversicherungen); in der konkreten Umsetzung sind weitergehende Leistungen erlaubt. Zudem können die weitergehenden Versicherungsdeckungen privatrechtlich abgeschlossen werden (UVG-Zusatzversicherung, ausser- oder überobligatorische berufliche Vorsorge).
Ein Kennzeichen der schweizerischen Sozialversicherung ist, dass nebst den unterschiedlichen Definitionen, welche Personen in einer Sozialversicherung versichert sind (Kreis der versicherten Personen), auch weitere Definitionen eigenständig geregelt wurden. So gibt es verschiedene Umschreibungen des versicherten Verdienstes (Mindestverdienst, Höchstlohn, Koordinationsabzug, Anrechnung von Einkommens-bestandteilen), unterschiedliche Methoden bei der Berechnung der Taggeldhöhe oder der Renten (Anrechnung von Einkommensbestandteilen, Prozentsatz für das Taggeld resp. die Rente, Umrechnung vom Jahres- oder Monatseinkommen auf den Tagesansatz, der Anzahl Taggelder pro Woche/Kalenderjahr), unterschiedliche Bedingungen für den Leistungsanspruch (zum Beispiel für Hinterlassene, IV-Grad) und so weiter.

Da die einzelnen Sozialversicherungen nicht auf einander abgestimmt waren und sind, brauchte es ein übergeordnetes Gesetz: der Allgemeine Teil des Sozialversicherungsrechts (ATSG). Die Lücken in den einzelnen Sozialversicherungen wurden damit aber nicht geschlossen. Die Überblickbarkeit und Nachvollziehbarkeit für den einzelnen ist erschwert, mit entsprechenden Folgen auf die Anzahl an Rechtsverfahren für die Durchsetzung oder Abweisung eines Leistungsanspruchs.

## 6. *Einflüsse auf die Sozialversicherungen*

Nachfolgend sollen ein paar Hinweise gegeben werden, welche Einflüsse auf die Sozialversicherungen wirken. Diese Hinweise zeigen, dass das System der Sozialversicherungen nicht geschlossen ist und einem steten Wandel unterliegt.

### 6.1 *Altersstruktur der Bevölkerung; Zivilstand und Partnerschaftsformen*

Die Altersstruktur der Bevölkerung wird von verschiedenen Faktoren beeinflusst und hat unterschiedliche Auswirkungen auf die Sozialversicherungen. Die sinkende Geburtenrate verschlechtert kurz- und mittelfristig die Anzahl der Beitragszahler (AHV/IV/EO/ALV).

Zahlen zur Entwicklung der Altersstruktur

| Altersgruppe | Bevölkerung am 31.12 | Anteil unter 20 Jährigen | Anteil 20–64-Jährigen | Anteil der 65-Jährigen und älteren |
|---|---|---|---|---|
| 1980 | 6335243 | 27.5% | 58.6% | 13.9% |
| 1990 | 6750693 | 23.4% | 62.0% | 14.6% |
| 2000 | 7204055 | 23.1% | 61.5% | 15.4% |
| 2010 | 7856600 | 20.8% | 62.1% | 17.1% |
| 2012 | 8039060 | 20.4% | 62.2% | 17.4% |
| 2013 | 8139600 | 20.3% | 62.1% | 17.6% |
| 2014 | 8237666 | 20.2% | 62.0% | 17.8% |

Quelle: Bundesamt für Statistik: Indikatoren der Bevölkerungsstruktur

Das Verhältnis zwischen der Anzahl Beitragszahler und der Anzahl der Leistungsbezüger verschiebt sich zulasten der Beitragszahlenden. Aufgefangen wird diese Auswirkung durch noch nicht im Rentenalter stehende Einwanderer, die als neue, zusätzliche Beitragszahler (aber auch als zukünftige Leistungsbezüger) hinzukommen.
Auch die Entwicklung im Gesundheitswesen hat einen Einfluss auf die Sozialversicherungen. Die Qualitätsentwicklung bei den Medikamenten, angepasste und weiterentwickelte Behandlungsmethoden sowie neuzeitliche Pflege tragen zu einem besseren Behandlungsergebnis und zu einem längeren Leben bei.

Zahlen zur Lebenserwartung

| **Durchschnittliche Lebenserwartung ab Geburt** | | |
|---|---|---|
| **Jahr** | **Männer** | **Frauen** |
| 1950 | 66,4 | 70,9 |
| 1960 | 68,7 | 74,1 |
| 1970 | 70,3 | 76,2 |
| 1980 | 72,4 | 79,1 |
| 1990 | 74,2 | 81,1 |
| 2000 | 77,2 | 82,8 |
| 2003 | 78,0 | 83,2 |
| 2006 | 79,1 | 84,0 |
| 2009 | 79,8 | 84,4 |
| 2010 | 80,2 | 84,6 |
| 2011 | 80,3 | 84,7 |
| 2012 | 80,5 | 84,7 |
| 2013 | 80,5 | 84,8 |
| 2014 | 81,0 | 85,2 |

Quelle: Bundesamt für Statistik: Lebenserwartung

Wegen der höheren Lebenserwartung sind die ans Alter gebundenen Leistungen während einer längeren Zeitspanne auszurichten. Die finanziellen Auswirkungen sind (solange die gleiche Leistungshöhe auszurichten ist) unabhängig vom Finanzierungssystem (Umlage-, Kapitalbildungs- oder Rentenbarwertverfahren), von den Beitragszahlenden und dem jeweiligen Leistungserbringer zu tragen.

Bei bestimmten Sozialversicherungen spielt der Zivilstand eine Rolle, so bei der Unterstellung unter die Beitragspflicht (AHV/IV/EO) und beim Erfüllen der Anspruchsvoraussetzungen für den Leistungsbezug (AHV/BVG/UVG). Eine höhere Scheidungsrate führt tendenziell zu einer grösseren Anzahl von beitragspflichtigen und zu einer kleineren Anzahl von anspruchsberechtigten Personen.

**Zahlen zu Scheidungen**

| | 1960 | 1970 | 1980 | 1990 | 2000 | 2010 | 2011 | 2012 | 2013 | 2014 |
|---|---|---|---|---|---|---|---|---|---|---|
| Scheidungen | 4656 | 6406 | 10910 | 13184 | 10511 | 22081 | 17556 | 17550 | 17119 | 16737 |

Am 1. Januar 2000 ist das neue Scheidungsrecht in Kraft getreten. Dies hatte einen Einfluss auf die Anzahl Scheidungen in den vorhergehenden Jahren 1995: 15709, 1996: 16172, 1997: 17073, 1998: 17868 und 1999: 20809 Scheidungen. Das neue Scheidungsrecht hat zu einer längeren Prozessdauer geführt, mit entsprechender zahlenmässiger Auswirkung im Jahr 2000.

Quelle: Bundesamt für Statistik: Scheidungen

Mit Inkrafttreten des Bundesgesetzes über die eingetragene Partnerschaft (per 2007) kamen neue Einflüsse auf die Sozialversicherungen. So entfallen in bestimmten Fällen die AHV/IV/EO-Beiträge der nicht erwerbstätigen Person einer eingetragenen gleichgeschlechtlichen Partnerschaft. Umgekehrt kann bei Erfüllung der Anspruchsvoraussetzungen neu ein Leistungsanspruch bei der AHV/IV, bei der beruflichen Vorsorge und bei der Unfallversicherung entstehen (Anspruch auf Hinterlassenenleistungen).

## 6.2 *Arbeitsmarkt/Erwerbsquote*

Die Entwicklungen auf dem Arbeitsmarkt haben auf die meisten Sozialversicherungen einen direkten oder indirekten Einfluss.
So spielt die Anzahl der Erwerbstätigen und deren Einkommen eine massgebende Rolle.

| **Zahlen zur Bevölkerung** | | | | | | | | |
|---|---|---|---|---|---|---|---|---|
| (in Mio.) | 1970 | 1980 | 1990 | 2000 | 2005 | 2010 | 2013 | 2014 |
| Männer | 2980 | 3082 | 3298 | 3520 | 3652 | 3877 | 4022 | 4074 |
| Frauen | 3189 | 3253 | 3452 | 3684 | 3807 | 3993 | 4118 | 4164 |
| Total | 6169 | 6335 | 6750 | 7204 | 7459 | 7870 | 8140 | 8238 |

| **Zahlen zur erwerbstätigen Bevölkerung** | | | | | | | | |
|---|---|---|---|---|---|---|---|---|
| (in Mio) | 1970 | 1980 | 1990 | 2000 | 2005 | 2010 | 2013 | 2014 |
| Total | 2965 | 3104 | 3807 | 3879 | 3974 | 4310 | 4517 | 4625 |
| Frauen | 3189 | 3253 | 3452 | 3684 | 3807 | 3993 | 4118 | 4164 |
| Total | 6169 | 6335 | 6750 | 7204 | 7459 | 7870 | 8140 | 8238 |

Quelle: Bundesamt für Statistik: Wohnbevölkerung, Erwerbstätige

| **Zahlen zur Entwicklung der Haushalteinkommen** | | | | | | | |
|---|---|---|---|---|---|---|---|
| (pro Monat) | 1998 | 2000 | 2005 | 2010 | 2011 | 2012 | 2013 |
| Einkommen aus Arbeit | 6548 | 6062 | 6535 | 7360 | 7271 | 7579 | 7618 |
| Transfereinkommen aus: | | | | | | | |
| – Renten der AHV/IV | 573 | 709 | 757 | 830 | 836 | 856 | 856 |
| – Pensionskassen | 409 | 456 | 563 | 594 | 631 | 644 | 693 |
| – andere Sozialvers. | 269 | 217 | 312 | 357 | 381 | 355 | 359 |
| – übrige Transfereink. | 556 | 542 | 446 | 478 | 485 | 625 | 139 |
| Total | 8356 | 8054 | 8967 | 9619 | 9604 | 10063 | 10052 |

Quelle: Bundesamt für Statistik: Haushalteinkommen

Bei der AHV hat, wegen des Umlageverfahrens, die Anzahl der erwerbstätigen Bevölkerung im Verhältnis zur Anzahl der Leistungsbezüger einen Einfluss auf das langfristige Gleichgewicht. Je später eine Person ins Erwerbsleben einsteigt oder die Erwerbstätigkeit unterbricht (Dauer der Ausbildung, Weiterbildung; Ehe; Erziehung der Kinder, Auslandaufenthalt), desto grösser sind die Einnahmeausfälle.

Schwankungen auf dem Arbeitsmarkt, mit entsprechenden Auswirkungen auf die Arbeitslosigkeit, sowie anderen Formen von Arbeitsverhältnissen wie Temporärarbeit oder Arbeit auf Abruf führen nur unter bestimmten Umständen zu Leistungsansprüchen bei der Arbeitslosenversicherung und zur Neubestimmung der Beitragspflicht und Versicherungsunterstellung (AHV/IV/EO, berufliche Vorsorge, Unfallversicherung).

| **Zahlen zur Arbeitslosigkeit und Arbeitslosenversicherung** | | | | | | | | | | |
|---|---|---|---|---|---|---|---|---|---|---|
| **Anzahl (in 1'000)** | 1994 | 1996 | 1998 | 2000 | 2002 | 2006 | 2010 | 2012 | 2013 | 2014 |
| Stellen-suchende | 183.8 | 206.7 | 217.5 | 124.6 | 149.6 | 197.4 | 211.7 | 196.9 | 205.8 | 206.1 |
| Arbeitslose | 171.0 | 168.6 | 139.7 | 72.0 | 100.5 | 128.6 | 148.6 | 142.3 | 149.4 | 150.9 |
| Arbeitslosen-quote | 4.7 | 4.7 | 3.9 | 1.8 | 2.5 | 3.3 | 3.8 | 3.3 | 3.5 | 3.5 |

Quelle: seco: Arbeitsmarktstatistik, Zeitreihe registrierte Arbeitslose, Arbeitslosenquote

Unter dem Begriff «Stellensuchende» werden alle bei einem regionalen Arbeitsvermittlungszentrum (RAV) gemeldeten arbeitslosen und nichtarbeitslose Personen gezählt, die eine Stelle suchen.
Unter dem Begriff «Arbeitslose» werden Personen gezählt, welche bei einem RAV gemeldet sind, keine Stelle haben und sofort vermittelbar sind. Dabei ist unerheblich, ob diese Personen eine Arbeitslosenentschädigung beziehen oder nicht.

Die Entwicklung der Volkswirtschaft mit der Optimierung des Ressourceneinsatzes führt zu Veränderungen auf dem Arbeitsmarkt (Anzahl und Qualifikation der Arbeitnehmenden in den jeweiligen Wirtschaftssektoren) und je nachdem zur Verlagerung von Arbeitsplätzen ins Ausland.

## 6.3 *Invalidität/Durchsetzen eines Rechtsanspruchs*

In den letzten Jahren hat die Anzahl der IV-Bezüger zugenommen. Die Zunahme hatte nicht allein finanzielle Auswirkungen auf die Invalidenversicherung, sondern vorgängig auf die Lohnfortzahlungspflicht der Arbeitgebenden und auf die Krankenversicherungen (Behandlungskosten/Taggelder) und nachfolgend auf die Pensionskassen. Die Pensionskassen müssen sich (sofern in deren Reglement nicht eine andere Bestimmung festgehalten ist) an den Entscheid der IV-Stelle halten. Die abnehmenden Zahlen sind einerseits auf die Folgen der 4. IV-Revision (keine neuen Zusatzrenten mehr für Ehegatten, aber Besitzstand der erworbenen Ansprüche) und andererseits auf die 5. IV-Revision mit der Aufhebung aller Zusatzrenten für Ehegatten sowie der Neuausrichtung der IV auf «Wiedereingliederung vor Rente» (Teil a der 6. IV-Revision) zurückzuführen.

| **Zahlen zu den IV-Renten in der Schweiz** | | | | | | | |
|---|---|---|---|---|---|---|---|
| | 1975 | 1995 | 2000 | 2011 | 2012 | 2013 | 2014 |
| Männer | 47 417 | 80 288 | 115 000 | 128 000 | 126 000 | 123 000 | 121 000 |
| Frauen | 37 264 | 53 536 | 84 000 | 111 000 | 109 000 | 107 000 | 106 000 |
| Total | 84 681 | 133 824 | 199 000 | 238 000 | 235 000 | 230 000 | 226 000 |

Quelle: Bundesamt für Sozialversicherungen: IV-Statistik

Bei nicht oder nicht vollumfänglichem Gewähren des Leistungsanspruchs werden von den antragstellenden Personen (und deren Rechtsvertreter) zunehmend alle Rechtsmittel ausgeschöpft, um zum erhofften Leistungsanspruch zu kommen. Da die Pensionskassen vom Entscheid der IV-Stelle betroffen sind, können sie ebenfalls die Rechtsmittel ergreifen. Unter Berücksichtigung der Komplexität der Sozialversicherungen ist diese Handlungsweise nachvollziehbar.

Erst wenn der Entscheid der IV-Stelle in Rechtskraft gewachsen ist (das heisst, alle Rechtsmittel wurden ausgeschöpft), fliessen die Geldleistungen. Bis dahin ist der Lebensunterhalt von der betroffenen Person selbst (oder seinen Angehörigen) oder von der Sozialhilfe zu bestreiten.

| **Erledigte Rechtsfälle vor dem Bundesgericht** | | | | | | | | | | | |
|---|---|---|---|---|---|---|---|---|---|---|---|
| | 1998 | 1999 | 2000 | 2001 | 2002 | 2003 | 2005 | 2010 | 2012 | 2013 | 2014 |
| AHV | 420 | 383 | 430 | 406 | 411 | 390 | 238 | 134 | 104 | 138 | 97 |
| IV | 599 | 676 | 682 | 724 | 772 | 1016 | 883 | 972 | 1012 | 928 | 854 |
| EL | 69 | 76 | 68 | 89 | 81 | 98 | 65 | 86 | 90 | 83 | 79 |
| BV | 66 | 59 | 72 | 101 | 103 | 154 | 125 | 134 | 102 | 103 | 108 |
| KV | 211 | 182 | 163 | 212 | 136 | 153 | 194 | 128 | 113 | 96 | 97 |
| UV | 354 | 366 | 400 | 513 | 437 | 416 | 478 | 462 | 368 | 359 | 310 |
| EO | 0 | 3 | 1 | 2 | 2 | 3 | 2 | 7 | 8 | 5 | 5 |
| FamZ | 2 | 1 | 1 | 1 | 0 | 0 | 0 | 16 | 14 | 15 | 16 |
| ALV | 426 | 492 | 418 | 389 | 352 | 381 | 322 | 151 | 144 | 131 | 127 |

Quelle: Geschäftsberichte des Bundesgerichts

### 6.4 *Zinsentwicklung*

Am Deutlichsten zu sehen ist die Auswirkung einer Zinsänderung bei der beruflichen Vorsorge. Lange Zeit (vom 1985 bis 2002) galt ein technischer Zins von 4 Prozent. Die Entwicklungen auf dem Kapitalmarkt mit sinkenden Zinssätzen führten zu einer Senkung des technischen Zinssatzes auf zurzeit 1,25%. Als Folge davon resultierten für die zukünftigen Leistungsbezüger tiefere Leistungen (sofern die Pensionskasse nach dem Beitragsprimat respektive strikte nach den Vorgaben des BVG konzipiert ist). Im Volksmund wurde dafür der Begriff «Rentenklau» verwendet. Da aber auch bei anderen Sozialversicherungen der Zins eine Rolle spielt (Ausgleichsfonds als Deckungsreserve und zum Abdecken von Schwankungen), wirken sich sinkende Zinssätze negativ aus. Fehlende Zinserträge sind durch Einsparungen oder andere Einnahmequellen (z.B. Mehrwertsteueranteil) zu kompensieren.
Umgekehrt bewirken steigende Zinssätze einen Wertzerfall der Leistungen, unbesehen von den Auswirkungen (Teuerung) auf den Arbeitsmarkt.

# 7. Gesetzesrevisionen

## *7.1 Reform Altersvorsorge 2020*

### *7.1.1 Allgemeine Änderungen*

Anstelle des bisherige fixen «Rentenalters für Frauen und Männer» soll in der AHV und in der beruflichen Vorsorge für Frauen und Männer ein sogenanntes «Referenzalter» von 65 Jahren festgelegt werden.
Für den Rückzug aus dem Erwerbsleben (zwischen 62 und 70) werden verschiedene Möglichkeiten vorgeschlagen. In der AHV soll ein günstigeres Rentenvorbezugsmodell für Personen mit tiefem Einkommen eingeführt werden. In der beruflichen Vorsorge wird das Mindestrücktrittsalter auf 62 Jahre erhöht (mit Ausnahmen).
Der Ständerat hat zu den nachfolgend beschriebenen Massnahmen folgende Änderungen (September 2015) beschlossen:

- Das Referenzalter beträgt für Männer und Frauen 65 Jahre, mit einer dreijährigen Übergangsfrist.
- Der Rentenbezug ist (auch teilweise) zwischen 62 und 70 Jahren möglich.
- Die AHV-Neurenten werden um Fr. 70.– (Skala 44) und der Plafond für Ehepaare auf 155% angehoben.
- Die Mehrwertsteuer soll um 1,0% Prozentpunkte angehoben werden.

### *7.1.2 Massnahmen in der AHV*

Die Massnahmen in der AHV bestehen auf folgenden Elementen:

- der Anspruch auf eine AHV-Witwenrente soll nur noch Frauen zustehen, die im Zeitpunkt der Verwitwung waisenberechtigte Kinder oder pflegebedürftige Kinder haben;
- die Witwenrente wird auf 60% der Altersrente reduziert (bisher 80%);
- die Waisenrenten werden auf 50% der Altersrente erhöht (bisher 40%).
- für Selbständigerwerbende und Arbeitnehmende gelten einheitliche Beitragssätze;
- die sinkende Beitragsskala für Selbständigerwerbende (für kleinere Einkommen) fällt weg;

- die Abzugsmöglichkeit «Hälfte des Einkaufs vom AHV-pflichtigen Einkommen in die Vorsorgeeinrichtung» fällt weg;
- die Mehrwertsteuer wird um insgesamt höchstens 1,5 Prozentpunkte erhöht;
- Interventionsmechanismus für schwierige Zeiten: Zeichnet sich ab, dass der Stand des Ausgleichsfonds der AHV unter 70% einer Jahresausgabe fällt, muss der Bundesrat Massnahmen zur finanziellen Konsolidierung vorschlagen. Fällt der Stand des Ausgleichsfonds der AHV unter 70 Prozent, werden automatisch Massnahme ausgelöst: Beitragserhöhung und begrenzte Einschränkung bei der Rentenanpassung.

#### *7.1.3 Massnahmen in der beruflichen Vorsorge*

Die Massnahmen in der beruflichen Vorsorge umfassen:
- der Mindestumwandlungssatzes wird innert 4 Jahren um jährlich 0,2% von 6,8% auf 6,0% angepasst;
- die Eintrittsschwelle wird auf Fr. 14 100.– (Zahlenbasis 2015) herabgesetzt (entspricht 50% der maximalen AHV-Altersrente; bisher 75%);
- Verzicht auf den Koordinationsabzug, das heisst, dass der ganze Jahreslohn (2015: Fr. 84 600.–) versichert wird;
- Anpassung der der Altersstufen bei den Altersgutschriften; ab Alter 45 wird keine Erhöhungen mehr erfolgen;
- Übergangsregelung mit Zuschüssen aus dem Sicherheitsfonds BVG.

### *7.2 Revision der Ergänzungsleistungen zur AHV/IV*

Der Bundesrat hat am 20. November 2013 den Bericht «Ergänzungsleistungen zur AHV/IV: Kostenentwicklung und Reformbedarf» verabschiedet. Der Bericht zeigt auf, dass in mehreren Bereichen Reformbedarf besteht.

#### *7.2.1 Höhe der gewährten Existenzsicherung*

Mit dem Ein- oder Austritt ins System der Ergänzungsleistungen zur AHV/IV sind Änderungen im verfügbaren Einkommen der betroffenen Personen verbunden. Im Einzelfall kann das frei verfügbare Einkommeneiner EL-beziehenden Person dasjenige einer erwerbstätigen Person übersteigen. Bei einer alleinstehenden Person liegt die Einkommensschwelle bei rund Fr. 45 000.–. Ein voll erwerbstätiges Ehepaar verfügt im Vergleich zu einem EL-beziehenden Ehepaar über ein höheres frei verfügbares Einkommen. Das frei verfügbare Einkommen von EL-Beziehenden mit Kindern liegt dagegen über demjenigen einer Familie ohne EL. Die Mindesthöhe der EL (Durchschnittsprämie der obligatorischen Krankenpflegeversicherung), die privilegierte Anrechnung des Erwerbseinkommens sowie die steuerliche Ungleichbehandlung verstärken die Schwelleneffekte.

### *7.2.2 Betrag für den allgemeinen Lebensbedarf*

Zur Deckung der alltäglichen Kosten wird in der EL-Berechnung ein Betrag für den allgemeinen Lebensbedarf berücksichtigt. Zusätzliche Leistungen für so genannte situationsbezogene Leistungen und Integrationsmassnahmen wie bei der Sozialhilfe gibt es nicht.

### *7.2.3 Erwerbseinkommen*

Im Sinne eines Erwerbsanreizes werden Erwerbseinkommen in der EL-Berechnung nicht voll, sondern, nach Abzug eines Freibetrages, nur zu zwei Drittel als Einnahme angerechnet (privilegierte Anrechnung). Grundsätzlich wird bei einer teilinvaliden Person mit Betreuungspflichten für minderjährige Kinder von der Anrechnung eines hypothetischen Einkommens abgesehen.
Ein Mindesteinkommen (hypothetisches Einkommen) darf nur angerechnet werden, wenn die Erzielung möglich und zumutbar ist. Findet eine Person trotz ausreichender Arbeitsbemühungen keine Arbeit, darf kein hypothetisches Einkommen angerechnet werden. Mit den Ergänzungsleistungen wird ein Risiko abgedeckt, für welches die Arbeitslosenversicherung zuständig wäre (unter anderem mit dem Instrument der RAV für die Eingliederung in den Arbeitsmarkt und für die Beurteilung der Arbeitsbemühungen). Es stellt sich die Frage, ob in den zukünftigen rechtlichen Bestimmungen nicht die von der IV zugeschriebene Resterwerbsfähigkeit übernommen und ausnahmslos ein Mindesteinkommen angerechnet werden sollte. Noch offensichtlicher wird diese Fragestellung beim in der Berechnungseinheit berücksichtigten Ehepartner. Zurzeit müssen bei diesen Personen aufgrund von mangelnder Schul-

bildung, Sprachkenntnissen oder zu langer Absenz vom Arbeitsmarkt die Ergänzungsleistungen zur AHV/IV den Erwerbsausfall übernehmen. Wegen der privilegierten Anrechnung von Erwerbseinkommen kommt es zu Schwelleneffekten, die für den Ausstieg aus dem System der Ergänzungsleistungen zur AHV/IV problematisch sind.

### *7.2.4 Vermögen*

Der Freibetrag auf das Vermögen wurde im Zug der neuen Pflegefinanzierung per 2011 erhöht, was zu höheren Ausgaben bei den Ergänzungsleistungen zur AHV/IV führte. Ziel ist, diesen Schritt wieder nach unten zu korrigieren. Hypothekarschulden sollen nur bis zum Wert des Wohneigentums abgezogen werden können.

### *7.2.5 Berufliche Vorsorge und Kapitalbezug*

Im Bundesgesetz über die obligatorische berufliche Vorsorge (BVG) ist vorgesehen, dass die Altersleistung als Altersrenten ausbezahlt wird (Art. 37 BVG). Es besteht aber die Möglichkeit, die Altersleistung als Kapital zu beziehen (auch vor Erreichen des Pensionierungsalters: z.B. Wohneigentumsförderung). Bei der Berechnung der Ergänzungsleistungen zur AHV/IV werden die Altersrenten in der effektiven Höhe als anrechenbare Einnahmen angerechnet. Der Bezug des Alterskapitals wird, sofern das Vermögen noch vorhanden ist, privilegiert angerechnet (Freibetrag und anteilige Anrechnung als Vermögensverzehr).
In Diskussion ist, im Bereich der obligatorischen beruflichen Vorsorge den Bezug des Alterskapitals in eine Altersrente umzurechnen und in der Berechnung der Ergänzungsleistungen zur AHV/IV als anrechenbare Einnahme anzurechnen.

### *7.2.6 Prämien für die obligatorische Krankenpflegeversicherung*

Personen mit Anspruch auf Ergänzungsleistungen zur AHV/IV erhalten mindestens die Durchschnittsprämie für die obligatorische Krankenpflegeversicherung (Art. 26 ELV) gemäss der jeweiligen Prämienregion.
Personen, die in bescheidenen wirtschaftlichen Verhältnisse leben, aber keine Ergänzungsleistungen zur AHV/IV beziehen, haben lediglich Anspruch auf individuelle Prämienverbilligung nach der jeweiligen kantonalen rechtlichen Bestimmungen. Die unterschiedliche Anrechnung

wird zurzeit bewusst in Kauf genommen, da eine Korrektur zu einer Verschlechterung für die EL-beziehenden Personen führen würde.

#### *7.2.7 Heimbedingte Mehrkosten*

Der Bund beteiligt sich an den Gesamtkosten der Ergänzungsleistungen zur AHV/IV zu fünf Achteln (Ausscheidungsrechnung). Diese Ausscheidungsrechnung erfolgt auf der Basis, wie wenn alle Personen mit Anspruch auf Ergänzungsleistungen zur AHV/IV Zuhause wohnen würden. Gestützt auf die Bestimmungen des neuen Finanzausgleichs (NFA) tragen die Kantone die gesamten heimbedingten Kosten.
Zur Senkung dieser Kosten haben die Kantone zum Beispiel die Möglichkeit, die in der EL-Berechnung zu berücksichtigenden Tagestaxen der Heime zu begrenzen. Als weitere Möglichkeit könnte wieder ein Höchstbetrag der jährlichen Ergänzungsleistung zur AHV/IV eingeführt werden, was aber zu einer Kostenverschiebung in die Sozialhilfe führen würde. Mit einem Ausbau der Vergütungsmöglichkeiten an die ambulante Pflege (und Betreuung) können teure Heimeintritte vermieden oder zeitlich verzögert werden.

## *7.3 Erläuternder Bericht des Bundesamtes für Sozialversicherungen zur Änderung des Bundesgesetzes über Ergänzungsleistungen zur AHV/IV: anrechenbare Mietzinsmaxima*

Das Bundesamt für Sozialversicherungen hat am 12. Februar 2014 den erläuternden Bericht zur Änderung des ELG: anrechenbare Mietzinsmaxima in Vernehmlassung gegeben.
Für Zuhause lebende Personen (mit Anspruch auf Ergänzungsleistungen zur AHV/IV) wurde seit 2001 der Jahresbetrag der anrechenbaren Mietkosten nicht mehr erhöht. Das BSV schlägt nun eine Anpassung der Mietzinsmaxima vor, unterteilt in folgende drei Gruppen: Grosszentren, Stadt, Land. Die Zuordnung des Wohnortes zu den Gruppen würde gemäss Tabelle des Bundesamtes für Statistik erfolgen.

Für die Bestimmung der anrechenbaren Mietkosten resp. der Mietzinsmaxima wird eine neue Berechnungsformel, unabhängig vom Zivilstand und nur bis zu einer Haushaltgrösse von 4 Personen, vorgeschlagen:

a) Grundbetrag für eine alleinstehende Person,
b) Zusatzbetrag für die 2./3./4. Person,
c) Summe wird durch die Anzahl Personen im Haushalt dividiert und ergibt das Mietzinsmaxima pro Person.

| | Grosszentren/Fr. | Stadt/Fr. | Land/Fr. |
|---|---|---|---|
| 1. Person / Grundbeträge | 1345.– | 1290.– | 1200.– |
| 2. Person | 230.– | 225.– | 250.– |
| 3. Person | 200.– | 125.– | 150.– |
| 4. Person | 150.– | 125.– | 100.– |

Beispiel einer 5-köpfigen Familie (Grosszentrum)

| Haushaltgrösse | Betrag/Fr. |
|---|---|
| 1. Person | 1345.– |
| 2. Person | + 230.– |
| 3. Person | + 200.– |
| 4. Person | + 150.– |
| 5. Person | 0.– |
| Höchstbetrag | 1925.– |
| dividiert durch 5 | |
| Mietzinsmaxima pro Person | 385.– |

Das Mietzinsmaximum wird für jede Person einzeln festgelegt, was dazu führt, dass die Mietzinsmaxima nicht mehr an den Zivilstand gebunden sind und alleinstehende Personen, die mit weiteren (EL-beziehenden) Personen im gleichen Haushalt leben, gegenüber Ehepaaren nicht mehr begünstigt werden.
Gesamtschweizerisch wird mit Mehrkosten in der Höhe von Fr. 76 Mio. gerechnet (Fr. +3 Mio. wegen neuen anspruchsberechtigten Personen; Fr. +43.8 Mio. bei den bisherigen anspruchsberechtigten Personen wegen der Erhöhung des Mietzinsmaxima; Fr. +32.8 Mio. bei den bisherigen anspruchsberechtigten Personen wegen der neuen Berechnungsart; Fr. –3.5 Mio. bei den bisher anspruchsberechtigen Personen im Konkubinat lebend).

Für die Feststellung des Bundesanteils an den Heimkosten wird für im Heim lebenden Personen eine EL-Berechnung vorgenommen, wie wenn sie zu Hause leben würden. Von diesem Betrag übernimmt der Bund 5/8. In der Berechnung des Bundesanteils wird bei jeder Person der höchstmögliche Mietzins einer alleinstehenden Person eingesetzt, also Fr. 1100.– pro Monat.
Bei den zu Hause lebenden Personen wird der effektive Mietzins (bis zum Maximum) bei der Berechnung des Bundesanteils berücksichtigt.
Der Betrag für den Mietzins in der Ausscheidungsrechnung soll sich deshalb zukünftig vom Mietzinsmaxima für die EL-Berechnung einer zu Hause lebenden Person unterscheiden.

# G) Literatur/Internetadressen

## 1. Literatur

Bollier Gertrud E.: «Leitfaden schweizerische Sozialversicherung», 14. Auflage, 2015
Bundesamt für Gesundheit (BAG): «Die obligatorische Krankenversicherung kurz erklärt», Februar 2014
Bundesamt für Sozialversicherungen (BSV): Zeitschrift «Soziale Sicherheit»
Bundesamt für Sozialversicherungen: «Ratgeber Sozialversicherungen: Ein praktischer Führer für KMU», Januar 2015
Carigiet Erwin, Koch Uwe: «Ergänzungsleistungen zur AHV/IV», 2. Auflage, 2009
Häcki Kurt: «Sozialversicherungen in der Schweiz», 5. Auflage, 2014
Häcki Kurt/Schaub Beatrice: «Sozialversicherungen kreuz und quer», 2006
Informationsstelle AHV/IV: «Leitfaden AHV/IV/EO/EL»
Kieser Ueli: «Kommentar zum ATSG», 3. Auflage, 2015
Müller Urs: «Bundesgesetz über Ergänzungsleistungen zur Alters- Hinterlassenen- und Invalidenversicherung», 2015
Piller Otto: «Die soziale Schweiz», 2006
Rumo-Jungo Alexandra: «Bundesgesetz über die Unfallversicherung», 4. Auflage, 2012
Hans Ulrich Stauffer, Graziella Salamone: «Berufliche Vorsorge in Text und Tafeln», 5. Auflage, 2012
Wegleitung der SUVA durch die obligatorische Unfallversicherung
Schweizerische Zeitschrift für Sozialversicherungen und berufliche Vorsorge
Verlag Schweizer Personalvorsorge und Sozialversicherung: Zeitschrift «Schweizer Sozialversicherung»
Die Volkswirtschaft

## 2. Internetadressen

### *2.1 Gesetz, Verordnung, Dekret*

*Alters- und Hinterlassenenversicherung*
Gesetz: www.admin.ch/ch/d/sr/c831_10.html
Verordnung: www.admin.ch/ch/d/sr/c831_101.html

*Invalidenversicherung*
Gesetz: www.admin.ch/ch/d/sr/c831_20.html
Verordnung: www.admin.ch/ch/d/sr/c831_201.html
Verordnung über Geburtsgebrechen:
www.admin.ch/ch/d/sr/c831_232_21.html
Verordnung über Sonderschulen:
www.admin.ch/ch/d/sr/c831_232_41.html
Verordnung über Hilfsmittel: www.admin.ch/ch/d/sr/c831_232_51.html

*Erwerbsersatz für Dienstleistende*
Gesetz: www.admin.ch/ch/d/sr/c834_1.html
Verordnung: www.admin.ch/ch/d/sr/c834_1.html
Ergänzungsleistungen zur AHV und IV
Gesetz: www.admin.ch/ch/d/sr/c831_30.html
Verordnung: www.admin.ch/ch/d/sr/c831_301.html
Verordnung Krankheits- und Behinderungskosten:
www.admin.ch/ch/d/sr/c831_301_1.html

*Mutterschaftsentschädigung*
Gesetz: www.admin.ch/ch/d/sr/c834_1.html
Verordnung: www.admin.ch/ch/d/sr/c834_1.html

*Familienzulagen in der Landwirtschaft*
Gesetz: www.admin.ch/ch/d/sr/c836_1.html
Familienzulagen Kanton (Beispiel Kanton Basel-Landschaft)
Gesetz: www.baselland.ch/index.htm
Verordnung: www.baselland.ch/index.htm

*Obligatorische Krankenversicherung*
Gesetz: www.admin.ch/ch/d/sr/c832_10.html
Verordnung: www.admin.ch/ch/d/sr/c832_102.html

Krankenkassen-Prämienverbilligung (Beispiel Kanton Basel-Landschaft)
Gesetz: www.baselland.ch/docs/recht/sgs_3/362.0.htm#top
Verordnung: www.baselland.ch/docs/recht/sgs_3/362.12.htm#top
Dekret: www.baselland.ch/docs/recht/sgs_3/362.1.htm#top

*Berufliche Vorsorge*
Gesetz: www.admin.ch/ch/d/sr/c831_40.html
Verordnung 2: www.admin.ch/ch/d/sr/c831_441_1.html

*Freizügigkeitsgesetz*
Gesetz: www.admin.ch/ch/d/sr/c831_42.html
Verordnung: www.admin.ch/ch/d/sr/c831_425.html

*Unfallversicherung*
Gesetz: www.admin.ch/ch/d/sr/c832_20.html
Verordnung: www.admin.ch/ch/d/sr/c832_202.html

*Arbeitslosenversicherung*
Gesetz: www.admin.ch/ch/d/sr/c837_0.html
Verordnung: www.admin.ch/ch/d/sr/c837_02.html

*Obligationenrecht*
Obligationenrecht: www.admin.ch/ch/d/sr/22.html

*Zivilgesetzbuch*
Zivilgesetzbuch: www.admin.ch/ch/d/sr/21.html

*Schuld-, Betreibungs- und Konkursgesetz*
Schuld-, Betreibungs- und Konkursgesetz:
www.admin.ch/ch/d/sr/28.html

## 2.2 *Allgemeine Internetadressen*

Arbeitslosenversicherung: www.Treffpunkt-Arbeit.ch
Behindertenforum: www.behindertenforum.ch
Berufliche Vorsorge: www.bsv.admin.ch\bv
Bilaterale Abkommen: www.ahv.ch/Home-D/allgemeines/Bilaterale
Bundesgericht: www.bger.ch
Das Schweizer Portal: www.ch.ch
Ergänzungsleistungen zur AHV/IV (EL): www.ahv.ch/Home-D/EL
Erwerbsersatzordnung (EO): www.ahv.ch/Home-D/EO
Familienzulagen (FamZ): www.bsv.admin.ch/themen/zulagen
Familienzulagen: Erst-Anspruchsberechtigung: www.akzug.ch/faztool
Gründerportal: StartBiz: www.startbiz.ch
Inforegister: Ihre AHV-Beiträge und Ihre Ausgleichskassen: www.ahv-iv.ch/de/Merkblätter-Formulare/InfoRegister-Meine-kontoführenden-Kassen
***In***tegrationsbüro: www.europa.admin.ch/d
Interinstitutionelle Zusammenarbeit IIZ: www.iiz.ch
Invalidenversicherung (IV): www.ahv.ch/Home-D/IV
IV-Stellen: www.ahv.ch/Home-D/allgemeines/ivs
Kleine- und mittlere Unternehmen: www.kmuinfo.ch
Krankenversicherung: www.bag.admin.ch/themen/krankenversicherung
Mutterschaftsentschädigung (MSE): www.ahv.ch/Home-D/EO
Namensrecht: www.ch.ch/de/heiraten-namenswahl
Pro Infirmis Schweiz: www.proinfirmis.ch
Pro Senectute Schweiz: www.pro-senectute.ch
Santésuisse (Krankenversicherung): www.santesuisse.ch
Schweizerische Ausgleichskasse: www.avs-ai-international.ch3
Schweizerische Eidgenossenschaft: www.admin.ch
Schweizerische Konferenz für Sozialhilfe (SKOS): www.skos.ch
Selbständige Erwerbstätigkeit: www.gruenden.ch
Sozialversicherungen: Merkblätter: www.ahv-iv.ch/de/Merkblätter-Formulare/Merkblätter
Sozialversicherungen: Übersicht: www.sozialversicherungen.admin.ch
Sozialversicherungen: www.ahv.ch
Sozialwesen Schweiz: www.sozialinfo.ch
Stiftung Auffangeinrichtung BVG: www.aeis.ch

Unfall- und Krankenversicherung: www.bag.admin.ch\themen\versicherung
Unfallversicherung (SUVA): www.suva.ch
Verein für BVG-Auskünfte: www.bvgauskuenfte.ch
Verein für BVG- und Pensionskassenauskünfte: www.pensionskassenauskuenfte.ch
Zentralsstelle 2. Säule: Guthaben aus der beruflichen Vorsorge: www.zentralstelle.ch/documents

KOMPAKTWISSEN.CH

Die Reihe wird herausgegeben von Alain Schönenberger, volkswirtschaftlicher Berater, Lehrbeauftragter an den Universitäten Neuenburg und Genf; Giovanni Danielli, Geograph/Raumplaner, Dozent Hochschule für Wirtschaft Luzern und Fachhochschule Krems/Wien; Prof. Hans-Ulrich Jost, Historiker, Universität Lausanne; Prof. Andreas Ladner, Politologe, Hochschule für Öffentliche Verwaltung (Idheap), Lausanne und Prof. Christian Suter, Soziologe, Universität Neuenburg.

Bisher sind folgende Bände erschienen:

Bd. 21: Raumplanung in der Schweiz
Von Giovanni Danielli, Roger Sonderegger und Christian Gabathuler. 2014.

Bd. 20: Geschichte der politischen Gräben in der Schweiz
Von Werner Seitz. 2014.

Bd. 19: Direkte Demokratie
Von Silvano Moeckli. 2013.

Bd. 18: Privatisierung und Deregulierung
Von René L. Frey und Claudia Frey Marti. 2012.

Bd. 17: Den schweizerischen Sozialstaat verstehen
Von Silvano Moeckli. 2012.

Bd. 16: Evaluation
Von Thomas Widmer und Thomas De Rocchi. 2012.

Bd. 15: Innovationsaktivitäten der Schweizer Wirtschaft
von Spyros Arvanitis und Heinz Hollenstein. 2012.

Bd. 14 : Tourismuspolitik
Von Hansruedi Müller. 2011.

Bd. 13: Glück
Von Bruno S. Frey und Claudia Frey Marti. 2010.

Bd. 12: Naturtourismus
Von Giovanni Danielli und Roger Sonderegger. 2009.

Bd. 11: Klimawandel
Von Marco Müller und Giovanni Danielli. 2010.

Bd. 10: Konjunktur- und Wachstumszyklen
Von Bernd Schips und Jochen Hartwig. 2010.

Bd. 9: Die schweizerische Sozialstruktur
Von René Levy. 2009.

Bd. 8: Schweiz – EU: Beitritt unmöglich?
Von René Schwok. 2009.

Bd. 7: Sozialversicherungen in der Schweiz
Von Kurt Häcki. 3., aktualisierte Auflage 2016.

Bd. 6: Schattenwirtschaft und Steuermoral
Von Friedrich Schneider, Benno Torgler, Christoph A. Schaltegger. 2008.

Bd. 5: Energiepolitik
Von Steivan Defilla. 2007.

Bd. 4: Schweizerische Verkehrspolitik
Von Giovanni Danielli und Markus Maibach. 2007.

Bd. 3: Verkehr in der Schweiz
Von Jobst Grotrian. 2007.

Bd. 2: Nachhaltige Entwicklung
Von Daniel Wachter. 2., aktualisierte Auflage 2009.

Bd. 1: Volkswirtschaft Schweiz
Von Alain M. Schönenberger und Milad Zarin-Nejadan. 2005.